Zwei Gegenwartsstücke von Botho Strauß aus dem Jahr 1998: In ›Die Ähnlichen. Moral Interludes‹ geht es um Menschen, die einander zum Verwechseln ähnlich sind, und andere, die nur Menschenähnliche sind. Einerseits findet dort der reale Existenzkampf zwischen Ost- und Westbrüdern statt, um Geld und Macht, Karriere und Gefühle, andererseits kann alles nur noch enden wie im Märchen. Der Teufel, die Hexe und das geraubte Herz bestreiten das Spiel. Peter Stein hat ›Die Ähnlichen‹ im Juni 1998 zu den Wiener Festwochen uraufgeführt. – »Vierfüßer sind gefährdet. Eine aussterbende Spezies wie die Meeresvögel. Die zweibeinigen Schnäbler werden bedroht, die Vierfüßer vernichten einander selbst. Vielleicht um sie zu retten, ... präsentiert Botho Strauß die letzten Exemplare in seinem Vivarium, dem Theater«, schreibt C. Bernd Sucher anläßlich der Uraufführung von ›Der Kuß des Vergessens. Vivarium rot‹ im November 1998 im Zürcher Schauspielhaus. Dieses Stück »ist ein Triumph der Liebe«.

Botho Strauß, am 2. Dezember 1944 in Naumburg/Saale geboren, war Redakteur, Theaterkritiker und später dramaturgischer Mitarbeiter an der Schaubühne am Halleschen Ufer. Lebt in Berlin.

Botho Strauß

Die Ähnlichen

Moral Interludes

Der Kuß des Vergessens

Vivarium rot

Zwei Theaterstücke

Deutscher Taschenbuch Verlag

Ungekürzte Ausgabe
November 2000
Deutscher Taschenbuch Verlag GmbH & Co. KG,
München
www.dtv.de

Umschlagkonzept: Balk & Brumshagen
Umschlagfoto: © Ruth Walz, Berlin
Satz: Satz für Satz, Barbara Reischmann, Leutkirch
Druck und Bindung: C. H. Beck'sche Buchdruckerei,
Nördlingen
Gedruckt auf säurefreiem, chlorfrei gebleichtem Papier
Printed in Germany · ISBN 3-423-12834-8

Inhalt

Die Ähnlichen
Moral Interludes

Personenverzeichnis

I
Magda hat wieder beiseite gesprochen

Agathe, 42
Vilma, 32
Magda, 25
Rüdiger
} *Parapersonen, Wechselgestalten*

II
Die Ähnlichen

Christian Seegast/West
Christoph Seegast/Ost
Else Seegast/Ost (Vilma)
Ellen Seegast/West (Agathe)
Odile (Magda)
Bankier Heinz
Bankiersgattin
Stiftungsratsvorsitzender
Gattin des Stiftungsratsvorsitzenden

III
Inverness. Einzelprobe

Odile (Magda)
Berg, Regisseur
Ina, seine Frau (Agathe)
Student
Der Überbringer (Rüdiger)
Randfiguren
Autor Asmuss
Kleindarsteller

IV
Anfang und Ende

Meriggio / Mittags

SIE (Magda)
ER (Christian/West)

Halbentschlossenheit

SIE (Vilma)
ER (Rüdiger)

Ende und Anfang

DIE MUTTER (Agathe)
DER GAST (Christoph/Ost)
DER LEBENSGEFÄHRTE (Rüdiger)
BJÖRN, ein Fünfzehnjähriger
FRAU mit Baby

Epilog

AGATHE
VILMA
MAGDA

I

Magda hat wieder beiseite gesprochen

Hotelzimmer. Auf den drei Kanten des Betts beim Ankleiden Magda Vilma Agathe. Bluse zuknöpfen, Haarspange setzen, Strümpfe an- und wieder ausziehen. Wer an wen das Wort richtet, wer wem antwortet, bleibt meist unscharf und wechselt rasch.

AGATHE Und? Kein Wort?
VILMA Sprichst du nicht mit mir?
MAGDA Als wär's 'ne Kleinigkeit. Nur mal so eben, ein Witz.
AGATHE Sagt ja keiner.
MAGDA So leicht hattest du's nie mit mir.
VILMA Soll ich mich auch noch bedanken?
AGATHE Beklag ich mich?
VILMA Irgendein Wort.
AGATHE Also.
MAGDA Irgend'ne Kleinigkeit.
AGATHE Irgendwas, das mir sagt: es hat mir viel bedeutet.
MAGDA Wenn ich du wäre.
VILMA Na, ich weiß nicht.
AGATHE Bist du unzufrieden mit mir?
MAGDA Und du?
VILMA Bist du's denn?
MAGDA Mach das Fenster auf.
AGATHE Das ist alles? Darauf läuft es am Ende hinaus: »Mach das Fenster auf«?
VILMA Ich hör wohl nicht recht.
MAGDA Von mir aus kannst du jetzt zum Fenster gehen.
AGATHE Ich hab's nicht dir zuliebe getan.
Ich hab's mir zuliebe getan.
MAGDA Ich verstehe nicht, warum du nicht sagen kannst:
Ja, Spitze. Toll. Toll ist es gewesen.
VILMA War ja auch toll.
Das Fenster!

MAGDA Ich hab's nicht vergessen. Ich schieb's vor mir her. Ich komm drauf zurück. Ich werd's noch erledigen.

VILMA Wenn's soweit ist.

AGATHE Was wann?

MAGDA Alles irgendwann ... Meine Ladestation ist fast leer.

VILMA Magda hat wieder beiseite gesprochen.

AGATHE Habe ich dir nicht eben gesagt – was habe ich dir eben gesagt?

VILMA Ja.

Sie erhebt sich von der Bettkante. Bleibt stehen.

MAGDA Bloß nicht rumlaufen. Laß das mal andere machen.

VILMA Kommt vielleicht ein Mann. Schleicht ein Kerl von hinten ran. Möchte drei Damen was fragen.

AGATHE Steh nicht so da.

VILMA Ich steh nicht so da.

MAGDA Nein. Ich weiß.

AGATHE Ist es, weil du –

VILMA Was habe ich falsch gemacht? Wo liegt meine Schuld?

MAGDA Versuch's noch mal. Fenster auf!

AGATHE Ist es wegen Rüdiger?

VILMA Kein Kontakt mehr. Aus den Augen verloren.

MAGDA Nie wieder gesehen.

AGATHE Sie kann eben mit jedem.

VILMA Laß sie doch. Nicht schade drum.

MAGDA Nicht besonders witzig. Nicht sehr amüsant.

AGATHE Ihr müßt es wissen.

VILMA Überall nie dabei.

AGATHE Schöne Kleidung?

VILMA Heute?

MAGDA Interessante Frage.

VILMA Nicht unbedingt.

AGATHE Ton in Ton. Schilfgrün, lindgrün.

MAGDA Steingrau, lichtgrau.

AGATHE Und Vilma?

MAGDA Das ist etwas anderes.

VILMA Bildest du dir ein.
AGATHE Du sagst, daß sie immer noch weint?
MAGDA Aber ja.
VILMA Aber nein.
AGATHE Schöne Kleidung. Soll ich das Fliederblaue?
MAGDA Ja. Schöne Kleidung.
VILMA Fliederblau, totenblau. Ton in Ton, wir zwei.
AGATHE Und? Alles in allem?
VILMA Was willst du wissen?
MAGDA Was ich glaube, daß ich denke?
Was ich meine, daß ich fühle?
VILMA Es läßt sich alles sagen. Umsonst.
MAGDA Wie es war?
AGATHE So in etwa. Oder wie's geht? Oder ob es sich gelohnt hat, alles in allem?
VILMA Ich bin über mich enttäuscht.
MAGDA Kein Grund.
VILMA Ich bin über mich erfreut.
AGATHE Ziemlich impulsiv, wenn's drauf ankommt?
MAGDA Ja. Auch mal impulsiv.
AGATHE Liederlich?
VILMA Warum nicht? Auch mal ein bißchen liederlich. Ja. Doch. Auch.
AGATHE Und dein Sohn?
VILMA Kein Kontakt mehr.
Aus den Augen verloren.
MAGDA Nie wieder gesehen.
VILMA Ich bin über mich erschrocken, erstaunt, erfreut und enttäuscht.

Unterbrechung. Die Drei erneut beim Ankleiden. Vertauschte Plätze auf den Bettkanten. Fußnägel lackieren, Schmuck anlegen.

VILMA Also wenn es darum ginge!
AGATHE Was gefällt dir nicht an dem Hotel?
MAGDA Es ist ein Hotel wie jedes andere.
AGATHE Ich finde es unerträglich, auf einmal so zu tun, als befänden wir uns an einem extrem abscheulichen Ort.
VILMA Es ist ein Ort – es ist überhaupt kein Ort.
MAGDA Wenn ich diese Räume sehe, könnte ich, könnten wir ebensogut in Vancouver im gleichen Hotel wohnen.
AGATHE Wir wohnen ja gar nicht.
VILMA Wir übernachten. Ein, zwei Nächte. Was kann das schon bedeuten?
MAGDA Es könnte bedeuten, daß wir nicht zur Ruhe kommen. Zwei Tage, zwei Nächte immerzu unzufrieden. Das halten Leute wie du, du, ich nicht durch.
AGATHE Du meinst: w i r, wir!
VILMA Nein, ich meine: du, ich, du.
Lassen wir das Wir mal beiseite. Du, ich, du.
MAGDA Es ist Messe, Tourismusmesse. Wir finden gar nichts Besseres in der Stadt.
VILMA Wir finden immer was Besseres.
AGATHE Nicht für drei. Je nachdem.
MAGDA Es geht um ein Doppelzimmer, Vilma, nur ein einziges Doppelzimmer. Das finden wir immer. Das gibt's außerhalb überall. Mit Luxus und ohne.
AGATHE Sieh zu, wie du's fertigbringst, drei, in Buchstaben: DREI Leute in ein Doppelzimmer zu verfrachten.
VILMA Hier haben sie's uns erlaubt.
MAGDA Eben. Weil ich mit Vilma hier zu zweit, nie zu dritt, wohlgemerkt, sehr häufig übernachten mußte.
AGATHE Wieso »mußte«?
VILMA Ich mußte … wir waren allein.
MAGDA Ohne du. Ohne dich.
VILMA Aber worauf willst du hinaus?
AGATHE Das wollte ich dich fragen.
MAGDA Du bist schließlich gekommen.

AGATHE Ich bin gekommen. Ich bin gekommen, natürlich. Daß ich irgendwann kommen würde, kommen, und wieder hier sitzen, damit war schließlich zu rechnen.

VILMA Damals schrieb ich dir unzählige Briefe. Du hast sie mir, wenn ich mich recht entsinne, irgendwann alle zurückgeschickt. In einem Pack. Verschnürt. Ungelesen.

MAGDA Wenn ich mich recht entsinne, sagst du? Mit den Briefen hättest du etwas in der Hand gehabt, auch heute noch, gerade heute, auch gegen mich, zugegeben, sogar gegen mich, worauf du dich hättest berufen können für den Fall, daß ich mich an gewisse Entscheidungen nicht so gern erinnert hätte. Die Briefe haben sicher eine Menge enthalten, eine Menge Versprechen, Schwüre, Zusagen. Zusagen über Zusagen. Wenn du je deinen Sinn wandelst, du sollst wissen, ich bin immer für dich da. So etwas Ähnliches stand bestimmt drin. Mehrmals!

AGATHE Daran habe ich mich gehalten. Du siehst: ich bin zurückgekommen.

VILMA Aber du hast sie ja gar nicht gelesen! Keinen Brief! Kein einziges Wort! Vielleicht hieß es auch, man hatte damals einen anderen Ton, etwas rüder oder zarter, ich weiß nicht mehr genau: waiting for you somewhere on this dirty island. Oder world. Ich war zu der Zeit viel unterwegs. Aber du hast sie ja nicht gelesen. Du hast sie alle ungeöffnet an mich zurückgeschickt. Fest verschnürt. Ein dicker Packen. Eine Zusage, die gar nicht gehört, gar nicht empfangen wird, ist im Prinzip ungültig. Oder sie verfällt. Und meine Schwüre sind längst alle verfallen.

AGATHE Es ist mir im Studium schon so gegangen, daß mir Tabellen und grafische Schaubilder mit Zickzackkurven immer ein Greuel gewesen sind. Scheinprobleme. Genau wie das, was du mir da auflistest.

MAGDA Als ich studierte, habe ich oft gedacht: entweder du studierst hier ewig oder du läßt es an einem bestimmten Punkt einfach sein. Du setzt der Sache ein Ende. Du bestimmst es selbst.

AGATHE Im Traum studiere ich oft, ohne zu wissen was. Ich habe fünfzehn fette Wälzer vor mir, in denen jedesmal ein anderes Fach abgehandelt wird. Forstwirtschaft, Ägyptologie, Informatik, Veterinärmedizin. Pädagogik. Und-und-und. Da sitze ich nun und schlage hier eine Seite um, dort eine und suche verzweifelt nach meinem Thema. Ich suche nach meinem eigentlichen Studienfach und kann es nicht finden. Ich muß also alles studieren. Das ist mein Alptraum.

MAGDA Trotzdem. Als ich noch sagen konnte: ich studiere noch ... da hielt ich noch mit. Da hatte ich's noch vor mir. Was studieren Sie denn? Oh, ich studiere evangelische Theologie!

VILMA Ach?

MAGDA Tja, »ach?«, was?
Und zwar gerne, sehr gerne.
Ich studiere für mein Leben gerne.

VILMA Aber Theologie? Muß das sein?

MAGDA Nur und ausschließlich und gerade die Theologie. Ich bin an Fragen der Theologie brennend interessiert.

AGATHE Magda jobbt jetzt, wo sie kann.
Bloß um den Tank vollzukriegen.

MAGDA Weil du, ich, du bis heute bettelarm geblieben sind.
Desperately poor.

VILMA Testperson im Pharmalabor.

AGATHE Aber du, du mit deiner Sondermilz

MAGDA Der Urmilz aus dem Neolithikum

AGATHE Hältst deine Stellung bei der Wissenschaft.

VILMA Eine Abnormität macht sich bezahlt.

MAGDA Ich frag mich doch: brauch ich allein so viele innere Organe? Verkaufe ich, was ich nicht nötig hab zum Leben?

AGATHE Einen gesunden Kreislauf können sich drei mittelgroße Frauen teilen. Du, du, ich.

VILMA Verkaufen wir, was wir nicht nötig brauchen!

AGATHE Bis wir zuletzt zu dritt und alle drei auf einem Zahne kauen!

MAGDA Bis uns zuletzt zu dritt und allen dreien das eine trübe Auge trieft!

Unterbrechung. Die Drei angezogen auf den Bettkanten. Vorn Rüdiger, ein junger Mann mit schwarzem Glatthaar, die Stirn auf den angezogenen Knien.

VILMA Wer ist denn das? Was ist denn los? Wer ist denn das? Was ist das für ein Raum? Wann kommst du? Wo bin ich?
AGATHE Dies ist dein lieber Sohn, der alles tut, um dir zu gefallen. Nun einmal von dir geboren.
MAGDA Ich liebe dich nicht und ich will deine Liebe nicht, mein Sohn.
AGATHE Man sieht ihr bleiches Muttergesicht, das aufgerichtet und ohne Regung auf die Befehle des Scheusals lauscht.
VILMA Ich war nur beauftragt. Eine kleine Handlangerin des allmächtigen Scheusals. Ich mußte ganz leise sprechen, damit es aus mir sprach. Und ich mußte schmal und liebreizend erscheinen.
AGATHE Die zierliche Mama, die niedliche Besessene weckte im Sohn die wärmste, die reinste Liebe, die sich nur lieben läßt.
MAGDA Rüdiger, du wirst bitte zu Vilma gehen und sie fragen, was sie sich eigentlich dabei gedacht hat, als sie gestern abend fortging, ohne mich zu küssen.
RÜDIGER Wenn ich gehe, hältst du mich fest.
MAGDA Nein, gehen sollst du nicht. Du könntest mir davonlaufen. Du mußt aber noch bleiben und ein wenig mehr leiden. Schließlich leide ich viel mehr an dir. Ich leide immer an dem Makel deiner Geburt. Vielleicht könntest du so lieb sein, es wiedergutzumachen?
RÜDIGER Worum bittest du mich? Deine Frage gleicht der, die du mir vor Jahren gestellt hast.
AGATHE Es ist immer dieselbe Frage, die ich an dich richte, mein Junge. Warum lebst du? Warum schläfst du nicht mit mir? Warum erlaubst du nicht, daß ich dich verstümmle? Ich will

mit dir ins reine kommen. Du hast mich zur Mutter gemacht. Ich habe alles versucht, um es wiedergutzumachen. Mir scheint, es ist an der Zeit, daß du mich erhörst.

VILMA So war es. Ich wollte ihn verderben. Er aber liebte mich abgöttisch. Mit dreizehn habe ich ihm die ersten Drogen verfüttert. Mit einundzwanzig während eines Urlaubs auf den Hebriden forderte ich ihn auf, mit mir zu schlafen. Seitdem ließ ich keine Gelegenheit aus, seine Männlichkeit zu verspotten.

AGATHE Sie verlachte den süßen Fratz, sie höhnte und flehte, daß er sich von ihr verstümmeln ließe.

VILMA Ich weiß, daß es mich nicht gibt. Meine Seele erlosch lange vor dem Ende meiner Tage.

MAGDA Wenn der Engel des Todes naht, ist er schrecklich.
Sobald er dich streift, ist es die reine Glückseligkeit.

AGATHE Als sie ihn eines Abends daran hinderte, die gemeinsame Wohnung zu verlassen, tötete er sie mit siebzehn Messerstichen.

MAGDA Der erste Stich traf mich ins Kinn. Ich legte meine Hände auf die Wunde, und er stieß mir ins Herz. Danach habe ich nichts mehr empfunden.

VILMA Gott sagte: Satanas, höre! Ich schuf den Menschen. Vor dem sollst du dich neigen.

RÜDIGER Satanas antwortete: Gottliebster, ich vermag es nicht.
Wie sollte ich vor dem Menschen dasselbe tun wie vor Dir?
Ich neige mich vor Dir. Niemals werde ich meine Liebe teilen können. Was ich dem Höchsten bezeuge – wär's nicht Schändung Deiner Ehre, wenn ich ein gleiches täte vor dem Menschen?

VILMA Gott sprach: Da du mein Werk nicht erkennst als mir ebenbürtig, so hast du auch mich nie erkannt. Hebe dich hinweg von mir!

RÜDIGER Gottliebster, ich berge mich in der Einheit mit Dir. Wie vermag ich mich von meinem Wesen zu scheiden, um Dein Gebot zu erfüllen? Laß es mein getreues Herz wissen!

VILMA Weiche von mir! Fahr nun zur Hölle.

RÜDIGER Und so war es gerecht von meinem Liebsten.

AGATHE Wie aber konntest du, Satan, in der Hölle trotz der ewigen Feuer und trotz der Fluten erstickenden Schlamms so unversehrt in deiner dunklen Menschenähnlichkeit bestehen?

RÜDIGER Mein Dasein nährte sich vom Echo Seiner Stimme. »Weiche von mir!« Ewig hörte ich den Widerhall Seiner Worte, und Seine Stimme labte mich im tiefsten Höllental. Ich höre ... ich höre ... und darum vergehe ich nicht. Solange Seine Stimme widerhallt und in meinen Grüften nie verklingt.

Unterbrechung. Die Drei ohne Rüdiger. Eine der anderen auf dem Bettkantenplatz nachgerückt. Öffnen von Blusen, Ablegen von Schmuck, Kleidungsstücken, Haarspangen.

VILMA Ich muß sagen, daß ich mich viel zu blöd fühle, um heute einen Vortrag von Friedhelm Schellenbach zu hören. Noch mal Nahost. Das ging schon beim letzten Mal über mich hinweg. Das wird mir heute zuviel, einfach zuviel. Ich bin schweißgebadet.

MAGDA Gib mir den Stadtplan. Wilhelm-Lehmann-Straße. Ich fahre über die Scheunerbrücke ...

AGATHE Vilma, es wird jede Minute noch heißer. Wir müssen jetzt fahren.

VILMA In deinem verdammten Brutkasten? Ich steige bei dieser Höllenhitze nicht in deine dreckige, miese, kleine Karre.

MAGDA Willst du noch eine Dusche nehmen?

AGATHE Nein, es wird zu spät. Wozu auch. Danach läuft der Schweiß noch schneller den Leib runter.

MAGDA Dein Auto steht den ganzen Tag unten vor dem Hotel in der prallen Sonne. Es ist zu heiß, es ist viel zu heiß.

VILMA Hier gibt's kein Schatten für parkende Autos. Es wird noch viel heißer.

AGATHE Ich kann diese schäbige Hitze nicht mehr ertragen. Es reicht einfach. Das ist das Ende von einem irgendwie noch erträglichen Sommer. Das ist kein Sommer mehr, das ist das Ende aller Jahreszeiten. Der Abgrund.

MAGDA Die Qual besteht darin, daß wir uns jetzt in der Affenhöllenhitze auf den Weg machen sollen, in dieser Stinkkiste durch die verstunkene Stadt fahren, um uns in diesen stinkenden Vortragssaal in einem asbestverseuchten Plattenbau zu setzen.

AGATHE Nicht mal auf Fahrtwind dürfen wir hoffen. Wir kommen so oder so in stehenden Verkehr. Wir fahren nur zum Abgasschlucken in die Stadt.

MAGDA Hierbleiben?

VILMA Hier ist es doch nicht besser.

AGATHE Kühl ist es nirgendwo.

VILMA Das ist ein Knie, auf dem eine Wespe schnuppert.

MAGDA Schmeiß sie raus! Schmeiß sie raus!

VILMA Beweg dich nicht.

Sie schlägt mit dem Stadtplan auf Magdas Knie.

AGATHE Da ist irgend etwas klebrig auf deinem Knie. Ein Fleck Limo. Irgendwas Klebriges. Die kommen immer wieder.

VILMA Du bist unzufrieden, abstoßend und lustlos. Das hat weniger mit der Hitze zu tun als mit deiner Unzufriedenheit an sich.

MAGDA Du kannst auch über die Brüggestraße fahren. Brüggestraße, Rodenbacher, Am Löwentor, dann links in die Brabanter-Allee, das geht wahrscheinlich genauso schnell.

VILMA Ich komme von der Brabanter-Allee nicht in diese da – wie heißt sie?

AGATHE Rodenbachstraße.

MAGDA In die Rodenbachstraße. Hier ist alles Einbahn.

AGATHE Von der Rodenbach geht die erste rechts ab, das ist dann gleich die Wilhelm Lehmann.

VILMA Du meinst, du kennst den Stadtplan auswendig, weil du mal Taxi gefahren bist. Aber hier ist kein Durchgang mehr. Fußgängerzone.

MAGDA Du mußt mir doch nicht vorhalten, daß ich unzufrieden bin. Du doch nicht.
Mein Mund ist so trocken, als hätte ich Sand gefressen.

AGATHE Ich hol dir was zu trinken. Kalten Tee?

VILMA Nein, laß nur. Reden wir eben. Reden wir zum tausendunderstenmal darüber.

MAGDA Es ist gut. Ich wollte nicht, daß wir wieder von vorne anfangen. In der Hitze spürt man es noch deutlicher. Daß man selbst bloß ein Klumpen verdorrter Erde ist.

AGATHE Aber man schwitzt. Ich möchte wissen, wo diese Eimer voll Wasser herkommen, die einem am Leib herunterlaufen. Obwohl man kaum etwas trinkt.

VILMA Das ist der Unterschied, wenn du und ich von der Hitze sprechen.

MAGDA Du sprichst vom Fließen, ich vom Austrocknen.

AGATHE Ich bin ganz normal unzufrieden. Mir macht die Hitze genauso zu schaffen.

MAGDA *beiseite* Dich wollte ich aufnehmen. Ich sah dich schon wohnen bei mir. Ich sah sogar, wie ich die Wohnung betreten würde, wenn du eines Tages gestorben wärst und ich von der Beerdigung heimkehrte. Ich sah dein Zimmer, es war erfüllt von deiner Abwesenheit. Als hättest du wirklich eine sehr lange Zeit darin gelebt.

VILMA Du hast bis heute nicht verstanden, weshalb ich mich nie gegen dich gewehrt habe. Ich hab's wahrscheinlich selbst nicht verstanden.

MAGDA Korrekt. Ich hab mir dich nicht ausgesucht. Du hast dir mich nicht ausgesucht.

VILMA Du hast verdammt auch keinen Grund mit mir unzufrieden zu sein.

AGATHE Ich bin ganz normal unzufrieden. Wie jeder. Der nicht bloß blind herumwerkelt. Die meisten werkeln blind herum, es gibt eine Riesenwerkelei, und was dabei herauskommt, das drückt sie nieder. Das macht sie fertig.

MAGDA Es ist ein schwieriger Weg, den ich mir ausgesucht habe, um zu dir zurückzufinden. Ein steiniger Weg. Ich weiß nicht, ob es mir gelingt. Ich kann aber nicht anders. Ich habe mir Vilma nicht ausgesucht.

VILMA Da unten steht unsere Kiste mit ausgebreiteten Kotflügeln, startbereit. Das Blech ist so glühend heiß, daß sich der Stadtplan wellt, wenn du ihn auf dem Kühler entfaltest. Also ich setze meinen Hintern lieber auf eine immerhin noch etwas kühlere Bettkante. Wenn ich daran denke, was für eine Bullenhitze sich in deinem Polo staut. Es klebt mir sowieso das Kleid klatschnaß am Rücken. Die Haare, Mensch, die Haare sind wie 'ne Wollmütze. Aus dem Schwitzen kommst du nicht heraus, du kommst an keinem Platz dieser Höllenstadt aus dem verdammten Schwitzen raus.

MAGDA Ich habe einen Pilz zwischen den Zehen. Das Gesicht voll Hitzepusteln. Am Kopf Schorf. Ich habe das Gefühl, ich wachse zu mit Pilzen und Flechten.

AGATHE Ich kann dir nicht sagen, wie ich das Schwitzen hasse. Das Schwitzen, gegen das man nichts tun kann. Immerzu schweißgebadet. Wie dreckig, wie elend, wie abstoßend fühlt man sich! Ich kann mich nicht erinnern, mich je so – so abstoßend gefühlt zu haben. Erst vertrockne ich, dann verrunzle ich. Zum Schluß verdampfe ich, verdampfe bis auf den letzten Blutstropfen.

MAGDA Es ist wirklich ekelhaft. Ich kann deinen Gestank nicht mehr ertragen. Und du kannst meinen Gestank nicht mehr ertragen.

VILMA Das hat vielleicht noch mit was anderem zu tun.

MAGDA Das hat mit was anderem zu tun? Mit was?

VILMA Das hat damit zu tun, daß du mich abstoßend findest. Daß du mich und meinen Körper zum Erbrechen findest.

MAGDA Wie?!

VILMA Verzeih mir. Es ist die Hitze. Du weißt schon.

MAGDA *steht auf* Wie?

VILMA *leise* Es stinkt alles. Aus uns heraus und um uns herum.

Die ganze Stadt ist eine immer fetter werdende Gestankswolke.
Und wir stinken mit.

MAGDA Wie?

AGATHE Was hörst du?

VILMA Keiner redet.

MAGDA Wie?

AGATHE Ich weiß nicht, was du hörst?

MAGDA Wie?

Dunkel

II
Die Ähnlichen

In der Rückwand der Bühne ein Fenster, in dem Odile liegt, eine junge Prostituierte, und auf den Schauplatz der Handlung hinunterschaut.
Im Vordergrund ein langgestreckter Treppenabsatz mit zwei niedrigen Postamenten rechts und links. Auf diesen Sockeln stehen die Brüder Christian/West (links) und Christoph/Ost (rechts) einander wie zwei klassische Helden gegenüber und führen ihren Dialog wie einen Zweikampf. Beide in schwarzen Hosen und weißen Hemden, die Ärmel aufgekrempelt.
Ihre Frauen – über Kreuz Ellen/West (rechts) und Else/Ost (links) – lehnen auf der untersten Treppenstufe an kurzen Begrenzungspfosten und halten das Jackett ihres Mannes über dem Arm.

CHRISTIAN/W Du siehst aus wie ich. Du hast mich immer nachgeäfft.

CHRISTOPH/O Ich dich? Wer zog zuerst als Kind die schönsten Kleider an? Und du, der Jüngere, durftest sie später abtragen! Wer konnte sich zuerst Krawatten binden?

CHRISTIAN/W Heute bist du Vegetarier. Nichtraucher. Energiesparer. Wie sich's gehört für einen feinen Pinkel Ost. Der sich im Eilverfahren angepaßt. Noch vor Jahr und Tag standst du in der Schweinemast und hast auf deinen Bauch und deine Lunge nicht geachtet. Healthfood! Perverser Gag des Krisenkapitals!

CHRISTOPH/O Du mit deinen zeitweilig finsteren Geschäften hast dich schon früh bereichert und folglich früher die feineren Moden mitgemacht. Aber dein geistiges Rüstzeug, das hast du doch von uns gestohlen.

CHRISTIAN/W Ich habe dich das letzte Mal gesehen, da grubst du im Drillich Rüben aus der Erde.

CHRISTOPH/O Und wer hat dir das Bücherlesen beigebracht? Den Dickens, Döblin und Mark Twain! Und schöne Bilderbände voller Tintoretto!

CHRISTIAN/W Härter, Bruder, härter! Schneller, spitzer. Setz mir zu!

CHRISTOPH/O Kein menschlicher Ton kam aus deiner vierschrötigen Kehle, bevor ich dir's nicht vorgesungen hatte. Du konntest kein Gespräch führen, du stottertest als junger Mensch, warst linkisch und verschwitzt, du hattest keinen Freund –

CHRISTIAN/W Mir's nachgemacht! Mir alles Dasein nachgemacht! Mir den Spaß an meinem Eigensten verdorben! Der Gleichmächtige, der Gleichstarke bist du durch schamlose Nachäffung geworden.

CHRISTOPH/O Mein Vater, der nicht zögerte, auch mich zu lieben, solange du verschwunden warst und im Westen das Antike aus unserem Erbbesitz verhökertest, obgleich er dich bei deiner Heimkehr vor lauter Rührung mit unverantwortlichen Vorteilen überhäufte, mein Vater, wie er's zuletzt für mich gewesen ist, hat mich denn auch gelehrt, ohne Eifersucht und Neid den Schicksalsweg des Meistbegünstigten in Ruhe abzuwarten.

CHRISTIAN/W Nicht so gewunden, Christoph. Stich zu! Parier! Komm, komm!

CHRISTOPH/O Du bist sein Liebling gewesen, dich mußte er verwöhnen, weil du so auffällige Zeichen von Lebensuntüchtigkeit von dir gabst und ohne seine übertriebene Fürsorge wahrscheinlich früh verkümmert wärst.
Mir genügte, was er in sein Herz verschloß für mich an Neigung.

CHRISTIAN/W Was er dir nicht zeigte, hat er wohl auch nicht besessen.
Mir aber halfen die Beweise seiner starken Liebe, ein Mensch zu werden mit einer großen Freiheit der Gefühle. Und großmütig machte mich seine Großmut, die Fülle seiner Gaben.

CHRISTOPH/O Die du achtlos liegenließest, kaum war der Vater tot, bei deinem zweiten Wechsel in den Westen! Was war's dir wert, dein Erbe?

CHRISTIAN/W Ich bin nun wieder da und trete jetzt mein Erbe an, wo's keinen Streit um Recht und Eigentum mehr geben kann.

CHRISTOPH/O Keinen Streit? Mit deiner großen Freiheit des Gefühls hast du gefaulenzt in Paris. Studiert und Gelder manövriert. In Wien mit Künstler-Architekten Utopien gebastelt. Ich in der Heimat schloß die Lehre ab. Da warst du schon für kurze Zeit ein wohlhabender Mann, ein mächtiger Windhund, ein begehrter Freund. Und ganz aus eignen Stücken hast du's auch geschafft, Christian Seegast, der du bist, binnen Jahresfrist dein teures Bordell der Pläne und Projekte, der Kredite und Beteiligungen zu ruinieren.

Nun stehst du, ein allzu freier Mann, fast mittellos vor mir, ohne Stellung, ohne feste Einkunft –

CHRISTIAN/W Du rote Leseratte! Wieviel Revolutionspapier hast du als junger Mann in dich hineingefressen und bist am Ende doch ein grauer deutscher Gartenzwerg geworden!

CHRISTOPH/O Was wird, die Frage drängt sich auf, im Laufe seiner Jahre aus dem Verlorenen Sohn, den einmal der blinde Vater mit allzu holden Gunstbeweisen ausgestattet hat? Der Psychologe sagt: er bleibt's erst recht, sein Leben lang: ein ganz und gar Verlorener. Aber der brave Zukurzgekommene, das bloß nützliche Kind, zwar erstgeboren, doch nur als Durchschnittsmensch, ich nämlich, der andere, ich sollte dich nun gar an unseres Vaters Stelle mit Freudentränen in die Arme schließen, weil du, mein Bruderherz, ein zweites Mal nach Hause fandst, um ein Erbe anzutreten, das unverhofft zu Wert gelangte? Daß du mir davon nicht träumst, du Schandfleck!

CHRISTIAN/W Lauter! Angriff! Stimme! ... Ich werde dich ein zweites Mal um alles bringen, was du dein eigen nennst. Ich schaff's auch ohne das Erbarmen meines Vaters.

CHRISTOPH/O Was willst du mir nehmen? An mir beißt sich deine Habgier die Zähne aus. Dich brüderlichen Blutsauger werde ich mir vom Halse schaffen! ... Trotz allem leb ich sehr bescheiden. Mein bescheidenes Soundso mit Frau und Kindern, die längst erwachsen sind ...

CHRISTIAN/W Dein Soundso? Kannst du nicht mehr? Dein was?

CHRISTOPH/O Mein bescheidenes ... mein bescheidenes ...

CHRISTIAN/W Ha! Worte, Worte! Sprache, sprich!

CHRISTOPH/O Mein D a s e i n, du sinnloser Strolch!

CHRISTIAN/W Hört ihr? Sein Dasein!
Weil du mich nachahmst kränklich, bis in die Wortwahl mir verpflichtet!

CHRISTOPH/O Du Künstler-Architekt, bläh dich nur auf, stehst stellungslos vor mir, bedeckt mit Taubenmist!

CHRISTIAN/W Du Kreatur, die niemals werden durfte wie sein Bruder!

CHRISTOPH/O Kein Bedarf! Schon längst nicht mehr!
Bei Vaters Tod befand sich im Besitz der Familie allein der halbverfallene Hof. Dazu gehörte noch das Wohnhaus, in dem wir beide geboren wurden. Dies Erbteil zu erhalten war mir aus manchem Grund nicht möglich.

CHRISTIAN/W Du hast mein Vaterhaus verfallen lassen?
Du wirst es wieder instand setzen.

CHRISTOPH/O Hast du von drüben jemals Unterstützung für das Haus geschickt? Haus und Hof, davon die Hälfte, dein rechtmäßiges Erbe, hast du in den Wind geschlagen. Es war nichts wert, es kostete.

CHRISTIAN/W Zu Haus und Hof gehört nun auch das Land. Viel Land, freigegeben zur Bebauung. Bornim bei Potsdam, nahe der Gewerbezone.

CHRISTOPH/O Das Land gehört nicht zu deinem Erbe. Es war bisher nicht unser Eigentum.

CHRISTIAN/W Doch jetzt.

CHRISTOPH/O Gehört es mir. Seit einem halben Jahr bin ich im Grundbuch eingetragen.

CHRISTIAN/W Du? Du allein? Das ganze Land? Wieviel?

CHRISTOPH/O Zwölf Hektar und ein halber.

CHRISTIAN/W Und wert?

CHRISTOPH/O Die erste Kaufhauskette bot noch unter zwei Millionen.
Ein Netzwerk lag schon etwas drüber.

CHRISTIAN/W Du grauer Gimpel, ein Leben lang ein Schweinehändler, ein Kaufmann ohne eigenen Geschäftsbereich, nicht imstande, etwas zu riskieren noch dabei zu scheitern, nie gefordert, nie gestürzt! Ein Funktionär, ein Rädchen in der rostigen Maschine, kleiner geht es nicht, du wärst mit einem Schlag zum doppelten Millionär geworden, ohne Rücksicht auf den Bruder?

CHRISTOPH/O Damals warfst du nur ein müdes Auge auf den Letzten Willen unseres Vaters, wo er es wörtlich niederlegte: für den Tag, da unser Staat dem Bauern seinen Boden zurückgibt, den er seit Generationen pflegte und bestellte, etc., vermache ich die Ländereien der Familie meinem Sohn Christoph – nicht Christian! –, der in der Heimat blieb.

CHRISTIAN/W Unverbindliche Visionen! Nichts sonst hat er dir vermacht. Zum Zeitpunkt seines Todes konnte er nicht erbverfügen über Güter, die nach herrschendem Gesetz nicht ihm gehörten.

CHRISTOPH/O Haus und Hof, davon die Hälfte, gehen an dich. Die andere kannst du bei mir kaufen. Ich mache dir ein faires Angebot.

CHRISTIAN/W Ich trete jetzt zwei Schritte zurück, doch nur um mit Macht auszuholen gegen dich.

CHRISTOPH/O Einen Augenblick! Nur eine Atempause ... Was denkst du: bei mir hat kürzlich angefragt ein Bankengremium, Forum Erfurt, Eurofreizeit mit Vergnügungsparks –

CHRISTIAN/W *ohne Kampfhaltung, privat* Siehst du. Du bekommst die großen Anfragen. Ich hingegen muß froh sein, wenn mir jemand die Restkrümel eines Auftrags überläßt, den er nicht allein bewältigen kann.

CHRISTOPH/O Warum sagst du das? Ich wollte dich um Rat fragen.

CHRISTIAN/W Was soll ich dir noch raten? Was Besseres kann dir nicht passieren.

CHRISTOPH/O Du könntest deine Phantasie einbringen ... Du fragst nicht mal: wobei?

CHRISTIAN/W Mach es, mach es. Was Besseres kann dir nicht passieren.

CHRISTOPH/O Die Idee ist folgende: ein großer Park der deutschen Sagenwelt –

CHRISTIAN/W Mach es. Verbau dein Land mit einem Märchenpark. Mein Gott, begreifst du nicht? Mir steht das Wasser bis zum Hals. Du darfst mich doch nicht ernsthaft fragen, wieviel Millionen du dir auf dein Konto schieben sollst? Das ist doch keine Frage, die du an mich richten darfst ... Rhetorischer Mist!

CHRISTOPH/O Was kann ich Gutes für dich tun? Ich überlasse dir die Planung. Entwurf für einen Sagenpark. Von den Asen bis Zwerg Nase. Du kannst die ganze Fläche frei gestalten.

CHRISTIAN/W So ist er nun. Es ist vollkommen vergebens. Er baut es auf, sein Reich, er gründet, plant und formt m e i n Land, das doch zu meinem Haus gehört, das doch der Vater ihm nicht schenken konnte zu der Zeit. Er baut, ich blinzle. Sitze dicht beim Fenster, dicht umzingelt von Kränen und Gerüsten, und blinzle, was er tut. Was er sich Neues einfallen läßt, um endlich seinen Fuß auf meinen Nacken zu setzen. Erfüllt sich seine Großraumträume. Machtlos steh ich da, machtlos gegen diesen furchtbaren Investor.

CHRISTOPH/O Reiß dich zusammen, Kerl! Ich brauche einen Gegner dieses Plans, sonst setze ich ihn bei mir nicht durch.

CHRISTIAN/W Die Tat – die Tat allein, daß du mich fragst, muß schon beurteilt werden. Nicht mal, was sie erschleicht, die Frage, die Frage selbst, allein die Untat dieses Fragetons! Womit kann ich ihn jetzt treffen? Was würge ich ihm jetzt noch rein?

Ellen geht zum Sockel ihres Mannes, Christian/W, um ihn taktisch zu beraten.

CHRISTIAN/W *richtet sich wieder gegen seinen Bruder auf.* Du kränkst meine Schwägerin, deine Frau, indem du auf unserem Bummel durch die Stadt zwei Schritte von uns seitwärts gehst und einem leichten Mädchen, das im offenen Fenster liegt, ohne Heimlichkeit zwei Worte zurufst, die den Unterleib betreffen.

CHRISTOPH/O Es gibt Ehen, die belastet man mit träger Treue mehr als mit dem kurzen Auftritt einer Geliebten, der einem laschen Alltag eine vorübergehende Wendung ins Dramatische verschafft.

CHRISTIAN/W Du bringst es fertig, übers Herz, ja du spielst – spielst in vollem Ernst mit dem Gedanken ans Dramatische – Trennung, Scheidung, Aus – bloß weil ich, zugegeben, ich, dich einige Male zu einem Freudenmädchen mitnahm? Nun meinst du zu wissen, was dir an Else, deiner Frau, schon immer fehlte, nie gefiel? Eine Hure, die ich seit Jahr und Tag besuche, ohne daß mich jemals – bei dem Vergnügen, das ich gar nicht leugne – der Gedanke auch nur gestreift hätte, darin, dadurch, deshalb an Ellen, meiner Frau, irgend etwas Ungenügendes zu finden? Das ist das Perverseste, das mir je im Zusammenhang mit einem Freudenmädchen und einem verheirateten Mann zu Ohren kam!

CHRISTOPH/O Du an deiner Ellen? Die meine Frau gewesen wäre! Du an deiner Ellen? Die in der Nacht zum 7. Januar 1981 zu dir überlief und Hals über Kopf mit in den Westen floh? Mir scheint, du besitzt für bestimmte Zusammenhänge nicht das geringste Gespür.

CHRISTIAN/W Einer Hure, meinetwegen, räumst du einen festen Platz in deinem Alltag ein. Aber sie, womöglich mit Gefühlen und Gewissensbiß, in deine Ehe einzumischen – wo gibt's denn das?! Jemand, der Vergleichbares nie im Leben für dich übrig hätte!
Er wendet sich zu Odile in ihrem Fenster.
Odile! Sprich selbst ein Wort. Bedeutet dieser Mann, der dich Geliebte nennt, dir irgendwas? Verlief in irgendeiner Stunde,

da er bei dir war, irgend etwas anders als mit mir oder streckenweise einem x-beliebigen?

Odile Ich möchte dazu sagen: der Mann ist durchgeknallt. Ich hab mir allerdings nichts vorzuwerfen. Er hat ja nichts Besonderes verlangt. Ich denk mal, der weiß noch nicht, was er von mir Besondres kriegen kann.

Christian/W Nun mach dich ihm nicht interessanter, als du bist! Versprich ihm nicht noch was dazu!

Zum Bruder

Soweit ist es, unter uns, nicht her mit ihren besonderen Geschicklichkeiten.

Christoph/O Mag sein. Das übliche hat ausgereicht, um mich in einen ehrlichen Konflikt zu stürzen.

Odile Hör auf! Ich warne dich! Ich habe dir nichts angehängt! Ein Freier bist du wie jeder andere. Und wenn du glaubst, ich lasse mich auf Spinnereien ein, dann zieh ich dir den Schnuller raus! Das Paar bleibt heil! Sonst bleibst du draußen.

Christian/W Ellen! Sagst du jetzt was?

Ellen Ich sage jetzt, daß ich ihn gut verstehe, meinen Schwager Christoph. Die Kleine da, wie sie im Fenster liegt, ist damals schon sein Typ gewesen. Else paßte ja noch nie zu ihm.

Christian/W Das ist mir noch nicht aufgefallen. Von dieser Ansicht, deiner, hat man niemals was geahnt.

Christoph/O Als wir noch in unserem Vaterland lebten –

Christian/W Vaterland? Du sprichst von deinem Vaterland? Du sprichst von dem trostlosen Vorgarten-Idyll, der bekannten Volksrepublik, gottlob so altersschwach, daß schon das erste Volksrumoren sie zum Einsturz brachte?

Christoph/O Mag sein. Ich habe dort gelernt, geglaubt, gearbeitet. Gewiß blieb manches unerreicht in unserem Vaterland. Das Unerreichte aber, sogar das Unerreichliche erzieht den Mann. Es treibt den Trägen aus den Kissen –

Christian/W Dem Schwätzer ölt es den Mund! Heute, wohlgemerkt, wo's sich erledigt hat, schwärmst du von deinem Vaterland. Eine zynische Ehrung. Und warst doch früher mit dem Lästern vorneweg. Du hast dein Vaterland überhaupt nur mit Lästern und verschlagenen Witzen ausgehalten!

CHRISTOPH/O Als wir, um daran anzuknüpfen, Else und ich, noch in unserem Vaterland lebten, waren wir alles in allem ein gutgehendes Paar. Ich gebe zu, ich habe sie nicht ganz so unbesehen geheiratet, wie ich Ellen zweifellos geheiratet hätte. Doch jetzt, nachdem sich meine Lage durch Blitzschlag radikal verändert hat, fällt's mir wie Schuppen von den Augen: ich habe mich als Sinnenmensch mit dieser Frau nie abgefunden.

CHRISTIAN/W Du hättest nach vierzehn Jahren Ehe einen Schlüsselsatz wie diesen niemals offen ausgesprochen, wenn er mich nicht auf eine falsche Fährte locken sollte.

CHRISTOPH/O Vierzehn Jahre in der Schwebe!
Wir, Bruder, gehen beide zu Odile, und die Geliebte –

ODILE Nicht die Geliebte, nie!

CHRISTOPH/O Odile gibt uns beiden eine gute Stunde. Doch gerade da, irgendwo in einer Lücke dieser Doppelstunde, beginnt zwischen uns der Streit, Ursache nicht mehr auszumachen, der Streit erhebt sich über uns, er rüttelt an zwei Männern, die mit ihren Frauen fest auf einer Straße stehen – dabei sollte die gemeinsame Geliebte –

ODILE Die Geliebte nicht!

CHRISTOPH/O Soll die Fünfte dort im Fenster lediglich zur Stärkung wirken von uns vieren, rein technisch-taktisch zur Entlastung dienen.

CHRISTIAN/W Ha! Endlich lügst! Soweit wollte ich dich heute bringen. Das erleichtert mich. Du lügst und weißt es selbst. Siehst auf deine Knie dabei und läufst rot an.

CHRISTOPH/O Du bist immer frei gewesen und hattest früh das Geld. Du hast dein halbes Leben mit Müßiggang verbracht. Ich mußte schuften unterdessen, ohne es zu was zu bringen.

CHRISTIAN/W Deinen Fehler hat ein ganzer Staat gemacht. Ich hab dir keinen Schaden zugefügt.

CHRISTOPH/O Das Wichtigste, das ich jetzt treffend gegen dich zu Felde führe, das ist mein junges Glück, mein später Reichtum und die Lebensfreude. Denn du bist mit allen deinen Vorteilen, die du zu früh genossen, auch früh eine ziemlich traurige Erscheinung geworden.

CHRISTIAN/W Warum, glaubst du, hat unser Vater nicht auf dich gesetzt, als ich verschwand? Weil du nie das Nichts riskiertest, nie aus tiefster Menschenverlassenheit wieder aufgestanden bist und nie aus null und nichts wie neugeboren wurdest. Warum hat er dich eigentlich sowenig liebgehabt?

CHRISTOPH/O Kommst du so früh zu deinem letzten Stich? Früher hast du mich mit dieser Frage mühelos bezwungen, ich stand dann kummerstarr, der Zweikampf war entschieden. Diesmal ist es dir zu früh, zu müd, zu lässig rausgerutscht. Es trifft nicht mehr. Und deshalb gebe ich unverletzt und geradeaus die Antwort: vielleicht liebte dich der Vater mehr als mich – mir aber wollte er besser. Was siehst du, wenn du dich im Spiegel siehst: das graue Elend eines einmal überreich Beschenkten.

CHRISTIAN/W Du klammerst, blockst, du rennst in mich hinein. Foul und auseinander. Keine Drücker auf das Unbewußte. Den Neider! Den Neider heb ich aus dir hervor und leg ihn bloß. Und dabei endet es: bei deinem schlechten Wesen!

CHRISTOPH/O Ich glaube wohl, ich habe mich als Kind –

CHRISTIAN/W Tiefer, bohr nur tiefer in der Kindheit rum …

CHRISTOPH/O Die Fühler auszustrecken ist besser, Bruder, als die schweren Waffen führen …

CHRISTIAN/W Du torkelst, stammelst schon?

CHRISTOPH/O Wenn ich mit meinem Vater, allein, circa drei Wochen …

CHRISTIAN/W Du bist fertig, längst fix und fertig!

CHRISTOPH/O Nach eingehender Prüfung komme ich zu dem Schluß … man prüft sich doch, wo lieg ich falsch, was bild ich mir nur ein, wie sieht's der andere, w e n n er es sieht … was geht in einem Menschen vor, der so etwas für ehrlich hält?

CHRISTIAN/W Mir scheint, jetzt dreht er ab ins Bodenlose. Rein sprachlich sieht er Sternchen.

CHRISTOPH/O Ach, du hohler, ausgebrannter Erstgeliebter! Wimpern, Fühler, Epithele, Fingerspitzen, die sind viel klüger, viel sicherer als schwere Waffen ... So spät noch soll ich's prüfen, das viele Geld, das diese Frau mich kosten wird?

CHRISTIAN/W Ha! Also doch! Das erste Mal hat er ihr tausend Mark noch heimlich zugesteckt. Inzwischen hat er ein Sonderkonto eingerichtet für die Geliebte.

ODILE Geliebte nicht. Für euch bin ich die Gernbesuchte. Meinethalben auch die häufig Gernbesuchte. Jetzt geht ihr auseinander. Vertreibt mir die Kundschaft vor dem Haus. Geht jetzt zu euren Frauen. Fragt sie, was euch Männer so in Zorn versetzt, ob sie es wissen. Wenn nicht, dann fragt euch selber. Aber still und wie zwei Rätselfreunde.

Christian/W setzt sich zu Ellen, Christoph/O setzt sich zu Else auf einen Treppenabsatz.

ELLEN Den hast du viel zu glimpflich angefaßt. Der gehörte restlos aus dem Hemd gestoßen. Du hast ihn viel zu glimpflich angefaßt. Den eitlen, selbstgerechten, säuerlichen Widerling. Ist das denn solche Kunst, einen Mann von diesem Leichtgewicht das Maul zu stopfen?

CHRISTIAN/W Du verstehst partout nicht, Ellen, wo seine Schwächen sind. Ihm das Maul zu stopfen! Wo ich nichts Besseres hab, nicht mehr an Punkten mache, als wenn er's aufreißt mächtig, sein schiefes Maul. Er schwankte doch am Ende, taumelte, die Stimme sank.

ELLEN Empfand ich anders. Er hatte kurz vorm Ende ein paar hübsche Treffer. »Fühler sind die besseren Waffen«. Nicht schlecht gesetzt.

CHRISTIAN/W Daß du nichts hörst als diesen oberflächlich dummen Sinn von Worten, und seine Stimme, seinen dünnen Ton, den hörst du nicht. Der war, als wenn 'ne Amsel quakt und Frösche zwitschern. Kaum daß er sich dem Artgenossen noch verständlich machen konnte ...

CHRISTOPH/O *zu Else* Er hat es wieder mal für sich entscheiden können.

Else Nein, Lieber, nein. Du hast ihm hart Bescheid gegeben. Und ihm den Kopf zurechtgerückt. Den Kopf! Den er am allerwenigsten benutzt. Ein Mensch, der nur mit Seelenschlamm um sich wirft, sobald er in Bedrängnis kommt. Der bös ist, nur böse noch, in seiner Niedrigkeit nach unten keine Grenze kennt. Der nie ein kraftvolles Leben führte, nur ein wabbliges Innenleben, diese Pampe, in die er wie ein Kleinkind schlägt.

Christoph/O Doch mich hat es getroffen. Er spürte nichts.

Else Nur das mit dieser Kleinen da im Fenster, das hättest du viel unverschämter führen können. Da hast du abgegeben. Schwache Verteidigung, hilflose Deckung. Du hättest dich entschließen müssen: jetzt trommle ich Fakt um Fakt in seinen Schädel, die er mangels Schlauheit nie von selbst entdecken würde. Wie macht man das? Zur Abwehr eine Serie schneller Gegenfragen: Du machst die Else, meine Frau, zu deiner Schutzbefohlenen? Wie kommt denn das? Und sorgst dich nicht um Ellen, die du verbraucht, enttäuscht, so oft betrogen hast? Ja, deine liebe Frau, die Ellen, die in letzter Zeit auf Pump zu leben hat, weil du, ein Nichtsnutz, dir eine Hure hältst; für dein Vergnügen leiht sie hinter deinem Rücken Geld – bei uns. Dann er, nach einem schweren Treffer: Ach, das wußte ich nicht. Bei euch stehen wir in der Kreide? Dann du, nachgesetzt: Nichts ahnst du. Und wenn ich die Kleine da im Fenster mal Geliebte nenne, dann gebe ich mit diesem etwas hochgegriffenen Wort deiner Ellen bloß diskret den Wink, daß für sie die Kostenfrage diesmal nicht anfällt.

Christoph/O Ach? So? Das meinst du wirklich? Tja. Das Beste fällt einem immer erst hinterher ein.

Else Oder: klare Geraden. Du: Laß Else aus dem Spiel. Er in etwa: Ich werde meine Schwägerin ins Treffen führen, wann ich will. Sie ist's mir wert. Mehr wert, als dir bekannt sein dürfte, höchstwahrscheinlich, du Einfaltskrösus ...!
Ha, und was dann du?

Christoph/O Ich ... also ... versteh nicht ganz.

ELSE Mein Gott! Du konterst, wie du kontern mußt: Du spielst, sagst du, mit »wert« anscheinend darauf an, daß meine Frau, neuerdings mit sehr viel Geld, für dich entschieden interessanter werden könnte, als sie es früher war? Rums. Du hättest leicht mit einer Rechts-links-Kombination von deiner eigenen Blöße abgelenkt ...

Szenenwechsel. Im Zimmer der Odile. Sie liegt wie zuvor in ihrem geöffneten Fenster und blickt auf die Straße – nur daß man jetzt ihren Rücken sieht und die übereinandergeschlagenen Beine. Im Vordergrund eine kleine Sitzecke mit Christoph/O und Christian/W.

CHRISTIAN/W Der erste trübe Tag seit Monaten.
Dort unten, hörst du? Da streiten wir noch immer auf der Straße. Die beiden Kampfgockel hacken unermüdlich aufeinander.

CHRISTOPH/O Wie übel es doch klingt, wenn man sich selber aus einiger Entfernung zuhört. Wie können du und ich so erbarmungslose Gegner sein? Kalt und schonungslos bis in die Eingeweide.

CHRISTIAN/W Und sind trotz allem eine Einheit, Christoph, zwei Brüder unversöhnlich-unzertrennlich. Feuer und Flamme: füreinander oder gegeneinander, das ist dem heißen Herzen einerlei.

CHRISTOPH/O Und schlagen dennoch zu, als wollte einer den anderen ins Jenseits befördern.

CHRISTIAN/W Was man an Bosheit nicht alles auf die Zunge bringt!
Da! Rums! Ich spreche dir die Ehre ab.

CHRISTOPH/O Es tut sehr weh, mein Lieber.

CHRISTIAN/W Jetzt, paß auf! ... Gleich holst du aus mit einer Infamie in Frauen- Sachen ...

CHRISTOPH/O Ich hätte sagen sollen an der Stelle: »Du nasser Lumpensack, du Heuchler, du sorg dich erst einmal um deine Ellen, die du verbraucht, enttäuscht, so oft betrogen hast! Ja, deine liebe Frau, die Ellen, die in letzter Zeit auf Pump zu leben hat, weil du, ein häßlicher Verschwender, dir eine Hure hältst; für dein Vergnügen leiht sie hinter deinem Rücken Geld bei uns. Bei uns!«

CHRISTIAN/W Ja, das hätte mich vor Ort wohl ziemlich mitgenommen. Wahrscheinlich aus dem Konzept gebracht.

CHRISTOPH/O Das Beste schießt einem immer erst nachträglich in den Kopf.

CHRISTIAN/W Lieben unsere Frauen uns? Lieben wir sie?

CHRISTOPH/O Unsere Frauen fragen sich, was uns beide so gegeneinander aufbringen konnte, ob sie nicht selbst dahinterstecken. Sie glauben schon entdeckt zu haben, daß wir im Grunde unserer Seele streiten einer um des anderen Weib. Sie richten sich im stillen darauf ein, ihre Plätze zu tauschen.

CHRISTIAN/W Else, denk ich heute manchmal, wär's vielleicht gewesen. Der Körper einer Magd. Da sind noch Hände, die was packen, greifen, pressen können. Nicht bloß dünne Fingerspitzen, die schwach auf Sensortasten tippen.

CHRISTOPH/O Ich wiederhole dir mein Angebot: du baust für mich den Park der deutschen Sagenwelt. Ein Projekt der Spitzenklasse. Du, Künstler-Architekt, erhältst von mir den Auftrag deines Lebens. Du läßt deiner kindlichen Phantasie freien Lauf. Burgen, Grotten, alte Mühlen, künstliche Gebirge, Christians Wunderland läßt du entstehen.

CHRISTIAN/W Verkauf das Land und gründe nichts. Du wirst dich ruinieren.

CHRISTOPH/O Wir sehen uns zuerst vom Rhein bis an die Weser die Märchenoriginalschauplätze an. Und dann nach Polen. Ich kann dir Plätze zeigen, Orte wie vor hundert Jahren, wo Geisterglaube und Erzählen noch lebendig sind. Wir fahren überhaupt zuerst ins Riesengebirge.

CHRISTIAN/W Zu viert?

CHRISTOPH/O Im engsten Rahmen. Das Chaos wächst, wir setzen unsere kleine Symmetrie entgegen.

Er öffnet einen Briefumschlag.

Odile, diskret, hat uns ihre Vierteljahresabrechnung hinterlegt.

CHRISTIAN/W Laß sehen.

Er sieht sich die Rechnung an, während Christoph/O sein Scheckheft aus dem Jackett zieht. Er setzt an zu unterschreiben, wird aber unter den Worten des Bruders nachdenklich.

CHRISTIAN/W Ist das noch zu bezahlen? Kannst du das bezahlen? Ich kann das nicht bezahlen. Ich weiß gar nicht, wie man so etwas bezahlen soll. Wie machst du das? Du sprichst nicht darüber, du bezahlst einfach. Das möchte ich können: wortlos bezahlen, ohne mit der Wimper zu zucken. Man sieht dir nichts an. Niemand weiß, was du denkst. Gern tust du's nicht, soviel einmal vorausgesetzt. Aber es könnte ja sein, daß es dir nichts ausmacht. Das wäre ... das wäre einfach phantastisch. Wenn ich so etwas bezahlen soll, ich dagegen, wenn ich eine solche Rechnung erhalte, dann fällt vor mir ein Eisengitter herab, ich sitze innerlich bereits im Gefängnis. Ich stehe vorm Ende der Welt, das mit Brettern vernagelt ist. Ich stehe unter Schock, ich weiß: ich kann das nicht bezahlen. Ich starre wie gelähmt auf diese ungeheure Summe, ich empfinde sie als bodenlose Demütigung, diese Ziffern, diese kaltschnäuzige, gemeine Forderung. Ich habe nichts erhalten, was diesem unmäßigen Preis, dieser absurden Ziffernfolge entspricht. Für nichts, für beinah kaum etwas. Und das noch mittelmäßig ausgeführt.

Aber du, du kannst bezahlen, ohne den Gesichtsausdruck zu verändern. Frißt es stumm in dich hinein. Aber wenn du es tust, wenn du so etwas bezahlst, ist es dann so, daß dich ein Gefühl eiskalter Verachtung emporträgt, eine Verachtung, die du nur für solch dreiste Ziffern, aber niemals für einen Menschen empfinden würdest? Ist es das? Erhebt es dich, so etwas zu bezahlen, zu erledigen, letztlich diesen schuftigen

Wisch mit der Fußspitze in den Abfall zu stoßen? ... Nein, wir kommen dem Geheimnis nicht näher, wie du eine solche Rechnung zu begleichen imstande bist. Natürlich, jeder kann das bezahlen. So ist es nicht. Er braucht ja nur Schulden zu machen. Ein Darlehen zu nehmen etc. Aber lebt man für so was auf Pump? Wahrscheinlich hast du eine ganz bestimmte Haltung zum Geld. So geht man nicht mit Erspartem um, das sieht ganz anders aus. Aber damit muß ich zu Rande kommen.

Wenn du das hier bezahlst, bin ich bereit, mir den Kopf darüber zu zerbrechen, wie jemand so etwas überhaupt bezahlen kann. Ich bin sogar bereit, zu keinem Schluß dabei zu kommen. Du bezahlst so was. Der kann das eben. Basta. Ich kann das nicht bezahlen.

CHRISTOPH/O *schließt den Füllfederhalter, steckt das Scheckbuch ein und die Rechnung zurück ins Kuvert* Diese Rechnung werden wir auf eine andere Weise aus der Welt schaffen.

Hotelzimmer. Odile neben Christoph/O, Ellen neben Christian/W verabschieden ihre Gäste: Bankier Heinz und Gattin, Stiftungsratsvorsitzender und Gattin, die sich zu einem Umtrunk versammelt hatten. Alle in Abendkleidung.

STIFTUNGSRATSVORSITZENDER Ein Sachbearbeiter, der mit acht Stunden Recherche nicht hinkommt, an dem ist etwas faul.

GATTIN DES STIFTUNGSRATVORSITZENDEN *immer leise stänkernd* Ach, der Stundenfetischismus!

STIFTUNGSRATSVORSITZENDER Bei unserem Verein, immerhin 'ne Behörde von rund dreihundertfünfzig Sterblichen, ist der Personalchef im Grunde der mächtigste Mann.

GATTIN DES STIFTUNGSRATSVORSITZENDEN Doktor Prinzinger, daß ich nicht lache!

STIFTUNGSRATSVORSITZENDER Doch, so ist es. Sie kommen an

einen bestimmten Mann nur auf dem Richtlinienweg heran ... ich brauche da, sagen wir für Ihr Projekt Euromärchen –

GATTIN DES STIFTUNGSRATSVORSITZENDEN Euromärchen! Du hast überhaupt nicht zugehört.

STIFTUNGSRATSVORSITZENDER Ich brauche da diesen Mann aus der Abteilung fünf, man kommt nicht an ihn ran.

GATTIN DES STIFTUNGSRATSVORSITZENDEN Du kommst nicht an ihn ran.

STIFTUNGSRATSVORSITZENDER Da müssen erst neue Richtlinien her, von ganz oben beschlossen, damit man sagen kann: los, Kinder, ich brauche diesen Mann, gebt ihn raus, ohne Pardon, heraus mit ihm.
So. Ab in die Falle. Rosy, du mußt zu Bett.

GATTIN DES STIFTUNGSRATSVORSITZENDEN Wir bedanken uns für die freundliche Bewirtung.

ODILE Wir bedanken uns bei Ihnen, daß Sie sich die Zeit genommen haben, noch auf einen Drink bei uns vorbeizuschauen.

GATTIN DES STIFTUNGSRATSVORSITZENDEN Solche Konferenzen sind für jeden gefühlvollen Menschen eine Marter. Es ist immer dasselbe. Aber Sie haben alles so liebevoll vorbereitet. Und jetzt stehen Sie vollkommen ausgepumpt vor Ihrem Bett.

BANKIER HEINZ *zu Christian/W* Sehr ordentlich. Glänzende Idee. Deutscher Märchenpark. Bin's zufrieden. Da man das eine oder andere Detail nun besser kennt –

BANKIERSGATTIN Ist man zumindest geneigt, sich seine Gedanken zu machen.

BANKIER HEINZ Sehen Sie, deshalb heißt sie die bessere Hälfte. Ich brauche immer nur die Hälfte eines Satzes auszusprechen.
Gelächter. Die Paare wechseln bei der Verabschiedung das Gegenüber. Bankiersgattin zu Odile, Stiftungsratsvorsitzender zu Ellen etc.

STIFTUNGSRATSVORSITZENDER Hast du den Zimmerschlüssel, Rosy?

GATTIN DES STIFTUNGSRATSVORSITZENDEN Es gibt in diesen

Hotels keine Schlüssel. Du hast deine Codekarte in die Brieftasche gesteckt.

STIFTUNGSRATSVORSITZENDER Ich nehme an, auch morgen erwartet uns ein reichhaltiges Veranstaltungsprogramm?

ELLEN Morgen früh wird Professor Hombach über ein neues Freizeitsupporting in den USA referieren. Anschließend wird mein Mann eine Modellbesichtigung kommentieren.

BANKIERSGATTIN *zu Odile* Hübsch, meine Gute, »von den Asen bis Zwerg Nase«. Nicht ungeschickt.

ODILE Wie meinen, gnädige Frau?

BANKIERSGATTIN Ah, Sie wissen schon: nicht ungeschickt.

ODILE Mein Mann? Ja, Christoph ist leidenschaftlich bei der Sache. Ich bewundere ihn wahnsinnig.

BANKIERSGATTIN *zu Christoph/O* Lieber Professor, nach dem heutigen Tag sehe ich die Welt wieder mit Kinderaugen an. Ihr Märchenpark wird viele Menschen glücklich machen.

CHRISTOPH/O Ich danke Ihnen. Es freut mich ganz besonders, wenn es mir gelungen sein sollte, Sie ein wenig für unser Projekt zu interessieren. Es bedarf der Fürsprache phantasiebegabter und kultivierter Menschen.

BANKIER HEINZ *zu Christoph/O* Herr Seegast! Sie kennen den Wahlspruch Wilhelm von Oraniens? »Nicht nötig zu hoffen, um zu handeln. Nicht nötig, Erfolg zu haben, um durchzuhalten.« In diesem Sinne: lassen Sie sich nicht entmutigen.

GATTIN DES STIFTUNGSRATSVORSITZENDEN *zu Odile* Kennen Sie das Märchen, in dem eine Gänsemagd sich in der Esse erhängt, nachdem ihr König sie mit der Sandale ins Gesicht schlug? Seit Jahren frag ich die Leute danach. Ich weiß gar nicht, ob es deutsch ist.

BANKIER HEINZ *zu Christian/W* Herr Seegast! Bedrohung durch Fanatismus. Bedrohung durch Apathie. Scylla und Charybdis, durch die wir ins nächste Jahrtausend segeln. Wir brauchen eine neue Perspektive, wir brauchen frisches Blut, eine Jugend, die wieder jung ist und diesen gesamten sterilen Dreck beiseite fegt ... Was wir brauchen, ist eine Revolution an Haupt und Gliedern! Einen katastrophalen Befreiungsschlag! Passen Sie auf, plötzlich geht's los, holterdiepolter – uuwitt!

Die Gastgeber begleiten ihre Gäste zur Tür. Kaum sind sie unter sich, geraten sie außer Form. Ellen schleudert ihre Pumps von den Füßen, Christian/W wirft Krawatte und Jackett ab, Odile löst unter dem Kleid den BH und zieht ihn aus dem Ausschnitt, Christoph/O bohrt nachdenklich in der Nase etc.

Sie verkehren zwischen Badezimmer und Bett, entkleiden sich und machen sich für die Nacht fertig.

ELLEN Ein widerliches Sichanwanzen! Das mache ich nicht ein zweites Mal mit!

CHRISTIAN/W Wirst du aber müssen.

CHRISTOPH/O Die rechnen und rechnen, und dann pusten sie Luft in die Luft.

ELLEN Blasierte Zwerge. Blasierte Zwerge. Und ihre zynischen Witze: Hinter jedem Reichen steht ein Teufel. Aber hinter jedem Armen stehen zwei. Altes Schweizer Sprichwort.

ODILE Du hast das Forum einberufen. Du hältst die Eröffnungsrede mit Pompapa und Türüla. Reg dich jetzt nicht auf über das Geldpack, weil es sich die Scheine lieber in die eigne Windel scheißt.

ELLEN Akquisition! Sponsoren! Risikogeschäfte, Geschäfte überhaupt, damit kommst du nicht zu Rande. Dazu fehlt dir der Hauptschlüssel.

CHRISTOPH/O Viel Skepsis, aber auch eine Woge von Wohlwollen schlugen mir entgegen.

ELLEN Du, lad deinen Schmuck bitte nicht auf meinem ab!

ODILE Was ist denn los? Na, sag schon!

ELLEN Laß uns ein andermal drüber reden.

ODILE *ruft den Zimmerservice an* Hallo? Sekt! Cola! Kiwis! Mandeln! Badekappe!

CHRISTIAN/W Auf der reinen Informationsebene sind wir an einem toten Punkt angelangt. Die Skeptiker argumentieren letzten Endes so: alles Wahre-Schöne-Gute zieh ich mir heute weltweit aus dem Netz. Ich streife virtuell durch eure Sagenwelt, dafür brauch ich nicht zwölf Hektar zu verbauen. Barbarossa, Faustus, Rübezahl, alles ständig da und downloadbar. Und mit viel grelleren Effekten. Einbuße allenfalls: kein Publikum. Wenig Touchy-Feely.

CHRISTOPH/O Davon einmal abgesehen –

CHRISTIAN/W Immer wird von dem, was ich erwähne, einmal abgesehen.

CHRISTOPH/O Nein, es ist im ganzen falsch gesehen von dir. So argumentieren sie schon lange nicht mehr. Der Banker sagt vielmehr: die Zukunft bringt das Gegenteil. Die Leute wollen in Zukunft genau das Gegenteil von dem, was sie jetzt wollen. Eine Welt zum Anfassen. Darauf müssen wir uns einschießen.

CHRISTIAN/W Gleichwohl denkt der Banker nicht daran, sich zu beteiligen. Was ist los, Christoph? Was stell ich dar in deinen Augen? Einen verläßlichen Ratgeber oder einen albernen Schwätzer? Ich muß es von dir hören, bevor ich den nächsten Schritt an deiner Seite gehe. Seit Tagen leide ich unter deiner Mäkelei. Mal dies nicht recht, mal jenes falsch gesehen. Bis jetzt habe ich fast allein das Brainstorming geliefert, du hast dir den mukschen Einwand, die schlechte Laune zum Privileg gemacht. Das ewige grummelnde Verneinen, das so sicher folgt auf einen Vorstoß meinerseits, wie, sagen wir, der Kater auf den Rausch. Das macht mich auf die Dauer dümmer, als ich bin. Du murrst, und ich geb's auf, ich denk nicht weiter, was ich gerade angedacht habe. Wir steigen nie gemeinsam auf.

CHRISTOPH/O So ein Banker ist ein Mann mit ausgeprägtem Schönheitssinn. Die Reichen, das muß ich sagen, sind heute die lebendigen Säulen des Humanismus. Die denken nach, die füllen ihre freien Stunden mit Spinoza aus.

ODILE Meine Mutter hat sich noch aktiv am Kampf gegen diese Mafia beteiligt. Sie gehörte noch zu denen, hat die Zeit noch mitgemacht, wo man glaubte, mit der Knarre in der Hand kannst du den Staat verändern oder den Menschen helfen, ein sinnvolles Leben zu führen. Das war ein Irrtum, denk ich mal, aber sie hat sich nichts vorzuwerfen. Damals waren die meisten, die besseren Köpfe, meine ich, waren genauso wie sie. Allein bist du ja machtlos, im Grunde waren die ganz richtig programmiert, nur die Methoden waren die falschen.

CHRISTIAN/W Odile, wenn du das nächste Mal etwas nicht verstehst, bitte, sag nicht: »Wie meinen, gnädige Frau?« Das hast du aus Hans-Moser-Filmen. Das sagt man nicht in Wirklichkeit.

ELLEN Man sagt auch nicht: »Ich bewundere meinen Mann wahnsinnig.«

ODILE Von dir kommt nur Kritik. Ich setze mich genauso angeschärft für die Sache ein wie ihr anderen. Aber wenn ich dich höre, bin ich eine andauernde Zumutung für euch.

Sie sitzen nebeneinander auf der vorderen Bettkante. Odile nimmt einen Haarreif vom Kopf, überläßt ihn Ellen, während sie sich das Haar mit beiden Händen lockert. Ellen gibt den Reif weiter an Christian/W, der ihn in der Hand dreht und an Christoph/O weitergibt. Nacheinander streichen sich Christian/W und Christoph/O mit beiden Händen das Haar glatt. Ebenso nacheinander und mit ähnlicher Geste lösen sie die Armbanduhren von ihren Handgelenken.

ELLEN Und nächstes Wochenende? Geht's wieder ins verlängerte Wochenende?

CHRISTOPH/O Ab nächsten Freitag Location im Riesengebirge. Schwerpunkt Burg Kynast, Glashüttenlandschaft.

ODILE Irgendwas mit guten Skipisten sollte es sein.

ELLEN Vor allem: irgend etwas mit gesundem Essen sollte es sein. Aber dort erwartet uns die Fettschwarte.

Sie legen sich zu Bett: links Odile, dann Ellen, dann Christian/W, dann Christoph/O.

ODILE Ich ging mit einem Freier in ein Nobelrestaurant. Ein Typ wie ein Schiffskapitän. Ein Klotz. Der Freier fraß. Er hatte die Serviette ins Hemd gesteckt und zerlegte seinen Braten säuberlich in Brocken. Er sprach kein Wort. Ich hätte ihn erwürgen können. Aber da ich das nicht konnte, kletterte ich auf seine Knie. Ich stand also barfuß auf seinen Knien und hielt mich an seinen Haaren fest. Da mußte er vor versammeltem Restaurant mitansehen, wie ich mich langsam auf dem Tisch niederließ und meinen Hintern in seinen Teller drückte …

CHRISTIAN/W Odile, du bist ein lückenlos ordinärer Mensch. Ich dachte, es gäbe irgendeine kleine Stelle –

ODILE Na, weil der nichts redete und bloß fraß. Das hättet ihr sehen sollen, wie der rot und weiß wurde vor Anstand!

ELLEN Ruhe jetzt. Laß uns schlafen.

ODILE Weil's dir nie gefällt, wenn ich was zum Aufwärmen erzähle. Den anderen gefällt's vielleicht. Gefällt's euch?

CHRISTIAN/W Schlafen!

ODILE Schlaf gut, Christoph. Ich bewundere dich.

CHRISTOPH/O Schlaf gut, mein Liebes.

ODILE *seufzt* Gute Nacht.

CHRISTIAN/W Gute Nacht.

ELLEN Liegen wir falsch?

Ihr wolltet doch, daß wir zwischen euch liegen. Anstandshalber.

ODILE Anstand, Anstand … Eine ziemliche Entartung, auf die ich mich da eingelassen habe.

Sie schlafen ein. Nach einiger Zeit öffnet Else, als Zimmermädchen verkleidet, die Tür und schiebt leise den Servierwagen ans Bett der Schlafenden.

ELSE *beugt sich zu Odile und flüstert* Ich hätte Sie gern allein gesprochen, Odile

ODILE *im Schlaf* Ja, bitte?

ELSE Allein.

ODILE Bin ich doch.

ELSE Sie sind allein?

ODILE Allein. Ja. Wie jeder, der träumt.

ELSE Sie träumen nicht. Ich bin der Zimmerservice.

ODILE Stellen Sie's nur ab. Morgen früh … bekommen Sie ein Trinkgeld.

ELSE Machen Sie sich nichts vor. Ich bin die karge Wirklichkeit.

ODILE Aber wie soll ich aufwachen, wenn ich so abgrundtief träume?

ELSE Indem Sie sich sagen: Was bin ich doch für eine infame, häßliche Schlampe!

ODILE Ja ... aber erst morgen früh.

Else geht auf die andere Seite des Betts und flüstert dem schlafenden Christoph/O zu.

ELSE Nicht mehr so spät tafeln, mein Lieber. Du fürchtest dich doch, wenn du nachts plötzlich vom polternden, stotternden Herzen erwachst. Wenn dir am Morgen speiübel wird. Du fürchtest dich doch, nicht wahr? Du willst leben. Aber du mißdeutest die Vorzeichen. Wahrscheinlich nicht genug Sauerstoff gehabt dieser Tage. Ach nein, das ist es nicht, mein Lieber. Du bist der Hauptsache ganz nah. Und die Hauptsache ist dein Ende. Du kennst doch die Sage vom Sterben des reichen Mannes. Der Reiche bist du. Jedermann ist nicht der andere. Es gibt keinen anderen Jedermann als dich.

Else verschwindet im Dunkeln.

CHRISTOPH/O *fährt aus dem Schlaf* Else?!

ODILE *erwacht* Was ist?

CHRISTOPH/O Ich glaube, Else stand neben meinem Bett.

ODILE Das Zimmermädchen war's. Ich hatte sie auch in meinem Traum.

CHRISTOPH/O Es muß Else gewesen sein.

ODILE Faß neben das Bett, ob der Servierwagen da steht.

CHRISTOPH/O Ja, er steht hier.

ODILE Also. Das Zimmermädchen. Gute Nacht, mein Herz.

CHRISTOPH/O Aber der Griff ... der Griff. Du hast den Griff nicht gespürt.

Szenische Verwandlung. Winterlandschaft im Gebirge. Ein altes Mütterchen, halb schon erfroren, mit einem rotblau umrandeten Auge, schlurft langsam herbei. Es trägt ein Reisigbündel unter

dem Arm. Der Arm hat eine Prothese mit einem Haken an der Stelle der Hand.
Die vier Ähnlichen, das doppelte Paar, sitzen in Skifahrermontur auf Steinen vor einer erlöschenden Feuerstelle.

CHRISTIAN/W Alte! Gib uns dein Reisigbündel. Wir haben uns verirrt. Wir erfrieren.
DIE ALTE Es ist mein Notgehölz. Mehr hab ich nicht.
CHRISTOPH/O Der Notpfennig des einen ist oft der Glückspfennig des anderen. Gib es her.
DIE ALTE Ich kann es euch nicht geben.
CHRISTOPH/O Odile! Nimm ihr das Holz weg.
Odile erhebt sich und tappt zu der Alten. Sie versucht ihr das Reisigbündel zu entreißen. Sie ringt mit ihr und fällt dabei zu Boden. Die Alte umklammert ihr Holz. Odile gibt auf und tappt zu ihrem Platz zurück.
CHRISTOPH/O Bruder! Nimm du ihr das Holz weg.
Christian/W geht ebenfalls schwerfällig zu der Alten und versucht ihr das Holz zu entreißen. Auch ihm gelingt es nicht, und er kehrt an seinen Platz zurück.
Christoph/O legt Ellen die Hand auf die Schulter. Sie geht auf die Alte zu. In diesem Augenblick setzt diese sich in Bewegung und stürzt sich mit vorgestrecktem Holz, es gleichsam im Vorstoß anbietend, auf Ellen. Sie erschrickt und weicht aus. Immer steht die Klaue, die Prothese mit dem Haken, vor dem Reisigbündel ab. So bleibt die Alte in anbietender Haltung vor Ellen stehen.
ELLEN Du hast mich um den Sieg gebracht, du verfluchte Hexe!
Ellen zurück zu ihrem Platz. Christoph/O steht auf.
CHRISTOPH/O Gib mir das Bündel, Alte.
Er geht zu ihr, ringt mit ihr um das Bündel, entwindet es ihr schließlich. Doch in dem Moment, da er es triumphierend über seinen Kopf hält, schlägt sie ihm die Klaue in die Brust und reißt sein Herz heraus. Der Mann verharrt mit ausgestreckten Armen, das Reisigbündel fällt zu Boden. Bevor er vornüber-

fällt, stützen ihn die drei anderen und halten ihn halb aufrecht. Über seine Schultern sehen sie zu der Alten, deren zerrissene Lumpen einen kräftigen jungen Leib entblößen, und als sie ihre Gesichtsmaske auf den Hinterkopf dreht, erkennen sie Else. Mit dem schlagenden blauen Herzen am Prothesenhaken verschwindet sie im

Dunkel

III

Inverness. Einzelprobe

Kleine Zuschauertribüne. In der vordersten Reihe Berg, der Regisseur. Schräg hinter ihm in der zweiten Reihe seine Frau Ina, die mit dem Textbuch souffliert. Sie legt ihm die Jacke über die Schulter, sie reicht ihm ein Handtuch, mit dem er sich das Gesicht trocknet.
Im Vordergrund ein niedriges Podest, auf dem die Schauspielerin Odile probiert. Sie trägt in den folgenden Szenen stets kleine schwarze Handschuhe. Die Arme sind nackt.

BERG Warum hältst du den Kopf gesenkt?
ODILE Ich halte den Kopf gesenkt?
BERG Richte dich auf. Du sperrst ihm die Schwelle. Du stehst in der Tür des Hauses, beide Arme ausgebreitet, gegen die Pfosten gestemmt. Aufwärts die ganze Gestalt! Ich bin die Pforte, heißt das, nur durch mich gelangst du ins Freie. Heraus aus deiner elenden Kate. Dir zeig ich den Weg! Dir bring ich's bei! Dich treffe ich am Ende des Tunnels! So mußt du aussehen. So mußt du denken. Du mußt dich aufrichten. Text! »Weißt du es nicht?«
ODILE Weißt du es nicht?
BERG *springt auf* Weißt du es nicht?
ODILE *schwach nachahmend* Weißt du es nicht?
BERG Weißt du es nicht?? Was nämlich? Daß dir Gottes Zorn den Schädel spalten wird, nicht wahr, durch mich den Schädel spalten. Das sagt sie doch.
Ina reicht ihm etwas zu trinken.
»Weißt du es nicht?« Der Flammenengel spricht. Versuch's noch mal.
ODILE *kraftlos* Weißt du es nicht?
INA *souffliert* Wenn du vor mir auf den Knien rutschst.
Wenn du meinen Leib erbettelst.
ODILE Wenn du vor mir auf den Knien rutschst.
Wenn du von mir den Leib erbettelst.

Berg Wenn du meinen Leib erbettelst.

Odile Ja.

Berg »Wenn du vor mir auf den Knien rutschst.
Wenn du meinen Leib erbettelst.
Dann erkenne ich dich in deiner Erbärmlichkeit
und es ergreift mich der kalte Abscheu vor dir.«
Du machst einen Gefühlsfehler an der Stelle.
Inverness! Warum heißt es INVERNESS, unser Stück?

Odile Inverness heißt es nach dem Schloß, in dem Macbeth seine Gäste ermordet.

Berg Das Schloß mit den glückbringenden Schwalben, nicht wahr, das seine Gäste so friedlich empfängt. »This castle hath a pleasant seat; the air/ Nimbly and sweetly recommends itself/ Unto our gentle senses.« Das Haus. Der Friede. Das Unheil. Was sich hier abspielt, ist die Geschichte einer Einflüsterung. Deshalb klebst du später am Ohr dieses Mannes. Du bist eine blutjunge hagere Lady Macbeth mit langen nackten Armen, und wir lassen dich diese kleinen schwarzen Handschuhe tragen. Du bist jemand, der im Leben nirgendwo Fingerabdrücke hinterlassen will. Du darfst nie vergessen, daß du immerzu dicht an seinem Ohr sprichst. Du bist diesem Ohr verfallen, du küßt es, deine Finger umspielen es, du sprichst zum Ohr, ohne den Mann anzublicken, du behandelst das Ohr, als wär's für sich der Mann im ganzen. *Mit plötzlicher Eingebung* Wir befinden uns nicht im Stande der Unschuld. Wir befinden uns nicht im Stande der Gnade. Wir befinden uns im Stande der menschlichen Passion. Verstehst du mich? Das ist es, in einem Wort, was uns auf der Bühne von den Menschenähnlichen draußen in der Mac-Welt trennt: ihr verdammter Mangel an Passion. Ihre brutale Verdrängung von Existenz! Eines Tages werden sie verrückt darüber, daß sie nicht Schauspieler sein können, die Ähnlichen da draußen, rasend werden sie, weil ihnen dieser einzige Fluchtweg versperrt ist, Schauspieler zu sein, diese letzte vom Menschen bewohnte Insel, da, wo du stehst, inmitten der Turbohölle der Scheinbarkeiten ... »Weißt du es nicht?«

ODILE Weißt du es nicht?

BERG Weißt du es nicht? Du lispelst, du säuselst, du flötest. Die Frage ist nicht harmlos. Weißt du es nicht? Was da kommt, was aus dir hervortritt, was über dich hinauswill ... Wo gehen wir hin? Was zieht uns über die Grenze? Sie mahnt, sie stürmt, sie droht. Warum zögern wir noch? Weißt du es nicht? Unanswered question. Laß das weg mit den Armen, laß es weg. Mußt nicht alles nachmachen, was ich dir zeige.

ODILE *schwach* Weißt du es nicht?

BERG Paß auf, ich werde dafür bezahlt, daß ich dir deine Unarten austreibe. Ich werde dafür bezahlt, daß ich dich vor deinen banalsten Empfindungen bewahre –

ODILE Dann hilf mir doch. Hilf mir doch endlich!

BERG Warum kippt man mir diese dünne Jauche vor die Füße? Warum muß ich mir das gefallen lassen? Spürst du nicht, daß sie von Zorn erfüllt ist? Von Kopf bis Fuß Zorn, grundloser, unerbittlicher, uralter Zorn. Ihr einziges Gelüst, ihre einzige Leidenschaft ist Zorn, Zorn, Zorn ... Spiel es!

ODILE *stärker* Weißt du es nicht?

BERG Härter! Böser! Größer!

ODILE Weißt du es nicht?!

BERG Nicht brüllen! Spielen!

ODILE Weißt du es nicht?

BERG Du sollst es spielen, du elende Pritsche!

ODILE *bricht ab* Du hast von mir noch nicht gehört, daß ich dir den Grips aus dem Hirn trete, wenn du deine Manieren vergißt.

BERG Hündin! Hündin!

ODILE *im Durcheinander mit Berg* Ich will deine Arbeit. Ich mache alles, was du willst, in der Arbeit. Aber riskier keine Schweinerei, ich warne dich. Merkst du dir das, du verschwitzter Affe!?

BERG *im Durcheinander mit Odile* Ich denk nicht an Verständigung. Ich denk nicht mal an Kampf. Sieh's im Vorfeld als erledigt an ... Halt den Rand, du Zappe! Ich schmeiß dich raus!

ODILE Was willst du sehen? Was soll ich zeigen? Sag mir klipp und klar, was du mit mir vorhast!

BERG Ja. So in etwa. So muß das klingen. Jetzt bist du nah dran. Hast du's gemerkt? Das ist der Ton. Eben war er da.

Szenenwechsel. Auf der Bettkante Odile und der Jurastudent.

ODILE Was willst du? Willst du irgend etwas Besonderes? Oder was gefällt dir nicht?

STUDENT Ich weiß nicht, was ich will. Zieh dich an. Du kannst nichts dafür. Du bist, wie du bist. Wahrscheinlich brauch ich einfach jemand anderen.

ODILE Aber sag mir doch, was dir nicht gefällt. Vielleicht kann ich's ja abstellen. Ich bin noch nicht so festgefahren, wie du vielleicht glaubst.

STUDENT Du nimmst dein Geld und kommst erst mal nicht wieder.
Wieviel Kundschaft hast du noch?

ODILE Drei feste und ein paar auf Anfrage. Ich mache das nur nebenher. Trotzdem könntest du mir sagen, ob ich was falsch gemacht habe. Ich denk mal, wenn du zum Friseur gehst und irgendwas ist nicht in Ordnung, sagst du doch auch, was dir nicht paßt.

STUDENT Haben die anderen nie etwas gesagt?

ODILE Was?

STUDENT Na, daß etwas nicht so läuft, wie sie's gern hätten.

ODILE Also wenn, dann sagen sie, was sie brauchen. Und ich bin dann auch bereit, es zu tun. Bis auf ein paar Ausnahmen, die du kennst. Nein, die waren eigentlich immer zufrieden. Und du doch auch, oder?

STUDENT Es ist zwecklos, darüber zu reden. Man kann es auch nicht sagen. Es gibt nichts Bestimmtes. Ich habe nichts Bestimmtes auszusetzen.

ODILE Man geht nicht gern als glatter Mißerfolg nach Haus.

Student Vielleicht, weil man doch letztlich immer die Freude sucht, die wirkliche Freude.

Odile Heißt das, daß ich dir keinen Spaß bringe? Mach ich dir zuwenig? Ich bin doch keine alte Rutsche, die dir ihren Hängearsch verkaufen muß. Ich denk mal, daß du gut bedient bist mit dem Body den du kriegst für dein Geld.

Student Geh jetzt. Es gibt nichts zu verbessern. Du kannst es sowieso nicht ändern. Wenn du ein Zebra wärst, könnte ich auch nicht sagen: lauf wie eine Antilope.

Odile Es ist nicht gerecht, wenn du glaubst, daß ich langweilig bin. Du hast auch nie gesagt, was du wolltest. Und immer so getan, als sei dir an nichts etwas gelegen. Du weißt nicht, was du suchst. Mich interessiert, wie Menschen, die sich nur flüchtig begegnen, doch immer ihre komplette Geschichte mit ins Bett bringen. Ich weiß gar nichts von dir. Hast du Geschwister? Lebt deine Mutter noch? Liebst du sie? Hast du schon geerbt? Ich kenne einen, der mit achtundzwanzig drei Mietshäuser besitzt in Charlottenburg.

Vor dem Landhaus der Bergs. Drei Stühle. Von der Bühne gesehen: links Odile, rechts Ina. In der Mitte, etwas zurückgesetzt, im Rücken der beiden Frauen, Berg. Er lehnt sich vor, stützt den angewinkelten Arm auf die Lehne von Inas Stuhl, weist mit ausgestrecktem Finger in die Ferne.

Berg Die dunklen Pfeile dort unter den Wolken: die Wildgänse sammeln sich. Aufbruchstimmung. Der Herbst wird kälter. Bald bekommen wir den ersten Frost.
Ina sieht nicht in die gewiesene Richtung, beugt den Kopf ein wenig zur Seite, als höre sie auf den Hintermann, die Arme unter den Brüsten verschränkt.
Berg lehnt sich weiter vor, breitet die Ellbogen auf beide Stuhllehnen aus, setzt das Kinn auf die gefalteten Hände.

Odile weicht der leichten Berührung in ihrem Rücken aus, indem sie sich ein wenig von der Lehne löst, das Gewicht auf die rechte Seite verlagert, die Beine übereinanderschlägt, die rechte Hand zwischen die Oberschenkel schiebt.

BERG Alles still, alles grau. Ob Wind, ob Sonne, ob Mittag oder Abend.

Berg verlagert den abgestützten Oberkörper auf Inas Stuhllehne, so daß er sich unempfindlich für die Berührung mit ihren Schultern geradezu hinfläzt und zu Odile öffnet, die Schläfe an die abgeknickte Hand gelegt, sich am Ohr zupfend beim Sprechen, Odile im verlorenen Profil beobachtend, im Rücken seiner Frau, den Unterleib ein wenig räkelnd.

Ina beugt sich weiter vor, setzt die durchgedrückten Arme auf die Knie, streckt den Rücken, wendet den Kopf und mustert aus größtmöglicher Distanz den hinter ihr ausgestreckten Berg.

ODILE Was ist?

INA Nichts weiter. Sie sehen doch, wie früh es schon dunkel wird. Bald kann man nicht mehr draußen sitzen. Dabei ist es ein schrecklicher Sommer gewesen. Es hat ja nur gegossen. Zweimal schwerer Hagelschlag. Wir sind hier draußen fast im Schlamm ersoffen.

ODILE Ihr Haus hat einen Fehler. Sie hätten die alten Fenster herausreißen müssen. Es fällt nicht genug Licht hinein. Oder Sie hätten im Erdgeschoß an zwei Stellen die Mauer öffnen müssen und große Glastüren einsetzen, durch die man in den Garten tritt. Es ist so wenig, so wenig nur, glauben Sie mir.

INA Das haben wir uns auch schon überlegt. Nicht wahr?

BERG Wenn der nächste Sommer heiß wird, dann werdet ihr schon sehen, wie angenehm ihr in einem Haus lebt, das Licht und Hitze abweist.

INA *säuerlich amüsiert über das »ihr« und seine Zukunft, wendet sich mit halber Drehung zu Berg, ohne ihm ins Gesicht zu sehen.* So? Meinst du das?

In der unzureichenden Drehung klemmt Ina den linken Arm

um die Lehne, die linke Hand umfaßt das rechte Handgelenk, das rechte Bein ist lang ausgestreckt, der Fuß nach innen verdreht.

Berg weicht zurück, hängt schief in seinem Stuhl, die Hände lose im Schoß gefaltet.

Ina dreht sich weiter rückwärts, legt beide Hände auf die Stuhllehne, setzt das Kinn auf den aufgerichteten Zeigefinger, wobei ihr Blick deutlich unter Bergs Augenhöhe bleibt.

Dieses Sich-Wenden-und-Strecken wird so schwer und gedehnt ausgeführt, daß man meint, die Reibung der Wäsche zu hören.

INA Weißt du, was du vergessen hast? Du hast vergessen, deinen Paß zu verlängern. Das wolltest du in der Stadt noch erledigen. Das ist dir vorhin nicht eingefallen. Das ist es. Das wirst du morgen tun. Wenn du mich nicht hättest.

Ina dreht sich um, streift mit zehn gespreizten Fingern durch ihr Haar, schüttelt den Kopf frei, richtet sich auf und sackt dann in sich zusammen.

Odile hakt den rechten Arm um die Stuhllehne, legt das angewinkelte rechte Bein mit dem nackten Knöchel auf das linke Knie. Schüttelt mit der linken Hand kurz ihre Haare durch.

ODILE Ich weiß nicht, ob ich für immer hier leben möchte.

INA Als mein Mann das Haus kaufte, als ich zum ersten Mal hierher kam, als er mich feierlich in sein Haus führte, habe ich mich noch am selben Abend ins Auto gesetzt und bin in die Stadt zurückgefahren. Es war unerträglich. Ich konnte es nicht aushalten in der eisernen Stille. Und jetzt? Jetzt bringt mich niemand mehr von hier fort.

Berg beugt sich vor, stützt die Ellbogen auf die Knie, die Hände tippen mit den Fingerspitzen gegeneinander. Kopf hoch, Kopf zur Erde, spricht er, als ginge es darum, eine ernste Absprache mit Ina zu treffen.

BERG Wenn du alle Flüche zusammenzählst, die du im Laufe der Jahre auf dieses Haus geschleudert hast, so sind es bei weitem mehr gewesen, als es Mauersteine hat. Erinnere dich.

Odile *etwas zu laut, als wollte sie sich zur Wehr setzen ...*
Ich finde es nicht richtig – *sie hält ein, fährt ruhiger fort ...* Ich finde es vielsagend, daß Sie offenbar alle Schwalbennester von der Mauer entfernt haben. Die schmutzigen Lehmränder da unter dem Dachvorsprung, oder?
Berg antwortet sehr kurz, nervös und so nebenbei, wie er die junge Schauspielerin noch nie angeredet hat, so daß sie sich unwillkürlich seitlich ihm zuwendet und, ohne ihn anzublicken, ihm wie angezogen »ihr Ohr leiht«.

Berg Es waren zu viele ... *etwas zu laut* Ina!

Ina *aus den Gedanken gerissen* Ja. Es waren zu viele. Die Wände und Fenster waren ständig mit Kot bedeckt. Jeden Morgen lagen tote Embryonen auf der Terrasse.

Berg *wieder als Verhandelnder* Ich verstehe nicht recht, weshalb du auf einmal so tust ...
Du leugnest heute, daß du hier die meiste Zeit unglücklich warst?
Ina bewegt sich kaum, der linke Arm hängt über der Stuhllehne, die rechte Hand faßt ein paarmal vergebens nach der linken, herabhängenden Hand, bis sich schließlich die Fingerkuppen lose ineinander verschränken. Sie spricht beschwert, im Ton das Gegenteil von dem, was sie mitteilt.

Ina Unglücklich? Ich? Hier? Mein Lieber ...!
Wo ich täglich diesen Ausblick vor mir habe. Vor mir der Garten, die Obstbäume, die Stauden, die Hecken!

Odile Ihr Ausblick? Es gibt keinen freien Ausblick. Sie blicken ja unmittelbar auf die Scheune des Nachbarn. Warum bauen Sie nicht eine kleine Hauskapelle vor den ekelhaften Bretterschuppen? Sie legen einen weißen Kiesweg an, er führt durch die Wiese zu der kleinen Kapelle.

Ina Das setzt voraus –

Odile Ich meine, das ist nur eine Idee. Nur eine Idee.
Das setzt voraus, daß Sie die Hände falten können und aufhören zu fluchen.
Schweigen. Berg richtet sich auf, schlägt die Beine übereinan-

der, faltet die Hände über dem Knie. Er atmet tief und hörbar durch die Nase ein, hebt den Kopf in den Nacken und bläst die Luft laut durch den Mund. Er klopft mit der Fußspitze gegen die Sitzfläche von Inas Stuhl. Offenbar erwartet er, daß der weitere Dialog den beiden Frauen gehört.
Ina antwortet indessen so, als hätte es keine Peinlichkeit gegeben. Weil Berg nicht auf »Kapelle« eingegangen ist, spricht sie nun munter und entspannt.

INA Wenn Sie so wollen, ist das nicht unbedingt eine Scheune. Sie gehört noch zum Grundstück. Wir haben eine Tennishalle hineingebaut. Beheizbar. Es ist hier nicht alles so armselig, wie es vielleicht auf den ersten Blick scheinen mag. Manches ist doch sehr, sehr schön hier draußen.

ODILE Es war nur eine Idee. Vergessen Sie's.
Es ist eine fixe Idee von mir –
Sie wendet sich, vorgebeugt, zu Berg um, sieht ihm direkt ins Gesicht, so daß er die über der Brust gekreuzten Arme löst.
Ich habe mir immer gewünscht, ein Gehöft zu besitzen mit einer kleinen Privatkapelle. Wo gehen Sie denn hier zur Kirche?

INA Wir gehören hier zu einer ehemaligen Vorwerksiedlung.
Ein Vorwerk hatte in der Regel keine eigene Kirche.
Sie haben recht, zu einem Gutshof gehörte wohl eine.
Aber hier stand nur der Pächterhof, der nach der Wende abgerissen wurde. Die Landarbeiter wohnten in den Vorwerkhäusern, in die jetzt die Städter einziehen. Früher ging das Gesinde sonntags über den Hügel ins nächste Dorf. Dort steht eine alte Feldsteinkirche. Mit hölzernem Glockenturm.

ODILE Weit und breit keine Kirche hier.
Wo gehen Sie denn zur Kirche?

INA Doch, ich sage ja –

ODILE Aber Sie gehen ja nicht hin!

BERG Ich habe Sie heute morgen auf der Probe auf einen falschen Weg geführt.

ODILE Ich war gehemmt. Ich war wie blockiert. Ich wußte, worum es ging. Irgend etwas kam nicht so, wie ich wollte.

INA Sie hören, was er sagt. Aber Sie beherzigen es nicht.

ODILE Was soll ich zeigen? Was glauben Sie? Was will er von mir sehen?

INA Mein Mann sagt: das Theater soll nichts zeigen. Es soll zum Verschwinden bringen. Er sagt: meine Menschen streben alle dem Hintergrund zu. Ich treibe sie in den Hintergrund. Das ist alles, was ich tue. Ich mache aus jedem Helden eine Randfigur.

ODILE Ich bin ein Nichts. Es lohnt sich nicht.

BERG Sie kommen hierher mit Ihrem kindischen Wissen um Gut und Böse. Und ich antworte Ihnen: ich glaube an das, was ich auf der Bühne sehe. Was rechts und links, was über oder unter ihr geschieht, daran glaube ich nicht. Ich kann es kaum wahrnehmen. Es gehen nur schwache Reize davon aus, sie werfen kein klares Bild auf meine Netzhaut.

INA Erst wenn ich sie vor mir im nackten Kasten sehe, sagt er, entwickeln die Menschen für mich ihre Kontur. Ihre Trauer, ihre Schönheit, ihre Verlorenheit, ihre Gewalt. Und in jedem Menschen erkenne ich sein Menschenmögliches, seine äußerste Grenze, seine größte Ausdehnung.

ODILE Ich bewundere Sie. Die Demütigungen, die Sie meinetwegen ertragen, scheinen Ihnen eine große Kraft zu verleihen, fast ein Leuchten.

INA Lassen Sie es gut sein, bitte.

BERG Wie willst du eines Tages Shakespeare spielen, begreifen, erleben, Gewalten zwischen Mensch und Ungeheuer, Passionen, mit deiner spindeldürren Seele?

INA Willst du ihr mehr Seele hineinprügeln in ihren Leib?

BERG *nimmt eine Tablette aus einer Dose* Ja.

INA Ich liebe dich. Doch ich teile deine Ansichten nicht. *Zu Odile.* Sie kennen das.

BERG Nicht wir sind es, die einen Shakespeare inszenieren, liebes Kind, Shakespeare inszeniert uns! Er macht uns größer, als wir leben können ... Jedenfalls wenn wir bereit sind, über unsere kleinen inneren Verhältnisse zu leben. Verstehst du mich?

ODILE O ja. Ich hab's eben schon im Autoradio gehört auf der Fahrt hierher ... oder so was Ähnliches.

BERG Wie geduldig ich bin! Das ist neu. Als wär Erdulden wie 'ne Sonde, mit der ich tiefer in die Leere dieses Menschen lausche.

ODILE Ich kenne einen kultivierten Herrn, der keinen Sinn für Kunst besitzt. Einen Historiker. Geht nie ins Kino, kennt kein modernes Bild. Für den gibt's nur das Drachenfliegen Samstag-Sonntag und dabei ein äußerst verschärftes Glücksempfinden.

Was machen Sie Abend für Abend hier draußen allein, in der endlosen Finsternis, in der Einsamkeit ihres Landhauses, INVERNESS!? Träumen Sie nicht vom Galopp schwitzender Pferde, die mitten in der Nacht in den Hof sprengen, und Rufe, und Rufe der Begrüßung zwischen Schloß und Stall, INVERNESS!

BERG *steht auf* Du mußt aufpassen, daß du nicht immer dieselbe Handbewegung machst. Du schiebst ständig das Haar hinters Ohr. Das machst du auf der Probe auch.

Zu Ina

Frag sie, ob sie noch ein Stündchen länger bleibt.

Er geht ab in den Hintergrund.

INA Er muß seine Furcht besiegen.
Er muß seine Krankheit annehmen.
Er muß aufhören, sich etwas vorzumachen.

ODILE Er ist auch nicht mehr der, für den er sich hält.

INA Nein? Wer ist er denn?

ODILE Weiß ich nicht. Weißt du es nicht? Nein: Weißt d u es nicht?

INA Haben Sie es mitbekommen? Oder nicht? Daß er verliebt ist in Sie?

ODILE Ach?

INA Geben Sie ihm nach?

ODILE Sie wissen doch, er kann mich auch so besuchen.

INA Ich sagte, er hat sich in Sie verliebt.
Er weiß übrigens nicht, daß Sie jedermann besuchen kann.

ODILE Jeder nicht.

INA Oder daß Sie ihn jederzeit besuchen würden, wenn er dafür bezahlt.

ODILE Er weiß es nicht? Er hat mich aber eine elende Pritsche genannt.

INA Das war nicht wörtlich gemeint. Mein Mann weiß nichts von Ihrer Nebentätigkeit.

ODILE Ich bin Schauspielerin geworden, weil ich innerlich etwas ausprobieren wollte. Nicht um Geld zu verdienen.

INA Nun verdienen Sie genug?

ODILE *beugt sich vor, kratzt mit der Hand das rechte Schienenbein* Es reicht. Ich habe, was ich brauche.

INA Mit wieviel kommen Sie aus?

ODILE Geld?

INA Männern. Kunden.

ODILE Fünf feste. Ein paar auf Anfrage.

INA Sie müssen sich doch bei jedem etwas einfallen lassen.

ODILE Etwas einfallen lassen? Was denn?

INA Sie müssen so tun als ob. Sie müssen den Männern das Gefühl geben, daß sie sehr persönlich behandelt werden.

ODILE Das mache ich gern.

INA Warum tun Sie nicht so, als seien Sie in Berg verliebt?

ODILE Ich denk mal, das wird mir zu kompliziert.

INA Sie müssen es nicht umsonst tun. Ich werde Sie bezahlen. Nur er darf es nicht wissen.

ODILE Alles dreht sich im Theater um seinen Tod. Jeder sagt, es ist das letzte Mal, daß wir mit ihm arbeiten. Das letzte Mal. In ein paar Wochen wird er an seinem kaputten Blut ersticken. Alle wirken irgendwie depressiv. Es gibt aber auch Menschen, die ein zentrales Interesse daran haben, einmal loszukommen von der dauernden Todesproblematik.

INA Waren Sie schon einmal verliebt?

ODILE Was wollen Sie wissen? Ich war mit achtzehn verheiratet. Genügt das? Wahrscheinlich heirate ich bald ein zweites Mal. Und dann mache ich Schluß mit der Kundschaft und dem Theater.

INA Mit diesem Theater? Mit unserem Theater? Sie haben sich doch gerade erst entschieden, eine Künstlerin zu sein?

ODILE O Gott. Sicher nicht.

INA Mein Mann hält Sie für seine Entdeckung. Glauben Sie, er würde so viel mit Ihnen arbeiten, wenn er nicht fest von Ihrer Begabung überzeugt wäre?

ODILE Er verkennt mich. Ich sehe ja, wie er mich verkennt. Ich frage mich, woher das kommt. Er muß doch sehen, daß ich höchstens die Hälfte von dem bringe, was er sich von mir erhofft. Ihnen kann ich es ja sagen. Ich wollte es nur einmal ausprobieren, Schauspielerin zu werden. Die ganze Zeit, jahrelang war ich von irgend etwas besessen und wußte nicht genau, was es war. Jetzt bin ich zum ersten Mal in meinem Leben aufgeregt. Das erste Mal, daß ich wirklich etwas investiere. Das erste Mal, daß ich nicht genau weiß, wohin läuft das Ganze. Ich weiß, was auf dem Spiel steht. Aber ich kenne die Regeln des Spiels nicht. Ich bin glücklich, wenn er mir hilft. Ich verstehe aber genausogut, wenn er mir sagt: Bis hierher und nicht weiter. Lassen wir's lieber, Odile ... Und Sie? Sie bedeuten ihm nichts mehr?

INA Sehen Sie, wie die Halme drüben am Hang in langen Wellen wehen? Als flösse das Gras den Hügel hinauf ... Er sagt, ich sei sein künstlerisches Gewissen. Ich habe als Schauspielerin bei ihm begonnen. Aber er glaubte nicht an mich. Lange Zeit war ich es, ich fast allein, die ihm den Glauben an sich selbst erhielt und stärkte. Unterdessen hatte er die Schauspielerin in mir getötet. Denn alles machte ich ihm zu falsch und zu schlecht, und das Falsche und Schlechte in der ganzen Kunst wollte er zuerst in mir ausmerzen. Immerhin, zehn Jahre habe ich mit ihm die Fackel getragen, zehn Jahre vollkommen eins mit ihm und seinem furchtbaren Eifer. Jetzt ist in mir kein

Funke Mission mehr. Nur noch die Liebe, die etwas stiller gewordene Liebe zu einem Menschen, der mir sehr viel gegeben und gleichzeitig fast alles genommen hat.

ODILE Und jetzt verrätst du ihn? Verrätst ihn an mich?

Ich hätte ihn niemals aufgegeben. Ich wäre bestimmt noch einen Schritt weitergegangen mit ihm.

INA Dich hätte er gar nicht wahrgenommen zu der Zeit. Du bist keine Schauspielerin.

Ja. Ich bin die Verräterin. Ich möchte ihn noch einmal glücklich sehen. Das ist alles.

Probebühne. Kleine Zuschauertribüne. Odile steigt nach der Probe die Stufen hinauf, geht durch die hintere Tür ab. Vorn in der ersten bzw. zweiten Reihe Berg und Ina.

BERG Wie war's, Ina?

Wie war die Probe?

INA Gut. Ihr seid ein ganzes Stück vorangekommen.

BERG Ja. Ich glaube, sie hat Fortschritte gemacht. Hast du die Maske bestellt für morgen früh? Ich will die drei Hexen nicht als alte Vetteln. Die sollen wie Burne-Jones-Frauen aussehen. Es gibt eine Gemälde von ihm, »Perseus und die Graien«. Besorgst du uns Abbildungen? ... Vielleicht habe ich mich doch nicht getäuscht in ihr. Hast du in der Klinik angerufen?

INA Du hattest dich doch entschlossen, nicht mehr auf die Ärzte zu hören?

BERG Ich hätte trotzdem gern gewußt, wieviel Zeit mir noch bleibt.

INA Niemand weiß es.

BERG Du weißt es.

Oder täusche ich mich? Sie ist schlecht, und ich merke nicht mehr, wie schlecht sie wirklich ist. Was soll ich mit ihr machen, Ina?

INA Sieh, wie schön sie ist.

Wieviel Kraft willst du noch vergeuden, um dein Verlangen zu unterdrücken? Sie bietet dir an: das Glück, die Freude, die Wiedergeburt. Und die schlägst du aus?

BERG Ich weiß nicht, wovon du redest.
Was sind das für seltsame Menschen, die mich alle überleben wollen ...?

Lichtwechsel. Berg geht hin und her auf dem Probenpodest. Vor ihm auf einem Hocker ein aufgeschlagenes Buch. In der ersten Reihe der Tribüne Odile nackt auf einem Stuhl, die Kleider an den Körper pressend.

BERG Paolo und Francesca saßen unter einem Baum im Garten. Sie lasen die Geschichte von Lancelot und Ginevra ... »Und als wir von ihrem ersten Kuß lasen, schauten wir uns an und lasen an dem Tag nicht weiter.«

ODILE *lächelt* Wie?

BERG So beginnt die große Kette des Ersten Kusses, die sich durch die Weltgeschichte zieht. Eine Serie von ansteckenden Vorbildern.

ODILE Wie?

BERG Das nächste große Liebespaar erinnerte sich an die Erzählung bei Dante, als Paolo und Francesca aufhörten zu lesen, betört vom Vorbild des Kusses, den Lancelot und Ginevra getauscht hatten. Irgendwann, irgendwo, wahrscheinlich in der Literatur, ist dieser erste Kuß entstanden, den Adam und Eva sich nie gaben.

ODILE Wie?

BERG Besäße die Menschheit nur den Trieb zur natürlichen Vereinigung, so wäre sie vermutlich aus Mangel an Lust ausgestorben. Sie benötigt das ansteckende Vorbild, um sich zu vermehren.

ODILE Wie?

BERG Hör zu. Ich sage die Dinge so, als spräche eine gütige Schlange zu dir.

ODILE *geht zu ihm* Noch genauer, sag es mir noch genauer. Ich habe seit langem keinem Menschen mehr gerne zugehört. Ich ginge gern mit dir. Es ist beinahe alles so, wie du sagst. Ich finde keine Einwände. Ich finde einfach keinen.

Sie küßt ihn auf den Mund.

Es ist schön. Unfaßbar.

BERG Es ist nichts. Es vergeht schon wieder.
Zieh dich an.

ODILE Wo?

BERG Überleg dir, was du tust.
Ich erwarte von dir, daß du dich anziehst.
Nicht: daß du dich w i e d e r anziehst.
Ich erwarte von dir zu sehen, daß du deine Nacktheit zum ersten Mal kleidest.

Lichtwechsel. Hotelzimmer. Odile auf der Bettkante. Durch die Tür tritt Der Überbringer.

DER ÜBERBRINGER Du bist Odile. Du wartest hier auf deinen Geliebten. Endlich ist es euch gelungen, eine Verabredung zu treffen. Du erwartest ihn im Hotel, um deine erste Nacht mit ihm zu verbringen. Doch er scheint nicht zu kommen.

ODILE Woher weißt du?

DER ÜBERBRINGER Es sieht ganz so aus. Wie lange wartest du schon, und wann wollte er hier sein?

ODILE Es sind erst zwei Stunden über die Zeit.
Vielleicht ist er aufgehalten worden.

DER ÜBERBRINGER Es ist jetzt so, daß ich dir etwas übergeben muß. Jetzt, an dieser Stelle, bekommst du einen Brief mit seiner Locke. Dazu teile ich dir mit: er wird nicht zu dir kommen. Er hat den Tod dir vorgezogen.

ODILE Den Tod – mir?

DER ÜBERBRINGER Zuerst wirst du es nicht verstehen. Er saß wie du auf der Bettkante in seinem Hotelzimmer. Er wartete.

Zur gleichen Zeit. Doch anderswo. Er wartete. Doch er wartete nicht auf dich.
Ihr habt euch nicht verfehlt. Noch im Namen des Hotels geirrt. Er wich nur wenige Schritte von dem verabredeten Weg, bevor er diese andere Hotelhalle betrat und ein Zimmer mietete im elften Stock. Er wartete. Obgleich sein Entschluß feststand, sich in die Tiefe zu stürzen, wartete er auf den Augenblick von letzter Klarheit, um aufzustehen, das Fenster zu öffnen – um tatsächlich den Freitod zu wählen.

ODILE Er hat den Tod gewählt? Das seine Locke? Ich hatte alles vorbereitet. Wir wären frei gewesen füreinander. Er wollte sich mit mir von dieser Welt entfernen! Mit mir war er schon fast nicht mehr empfindlich für ihr Grauen ... Welch ein Betrug an einer Liebe, wie sie Gott nur einmal schenkt in einem Menschenleben! Er hat den Tod gewählt? Das seine Locke? Ich werde sie verbrennen.
Ungepflegt, wie er war. Wechselte zehn Tage seine Wäsche nicht. Aber dieses Forschen, dieses Leuchten in seinen Augen ...

DER ÜBERBRINGER Ist das alles, was dir bleibt von einem sehr geliebten Mann?
Welche Leidenschaft hat er bewegt, um aus einem rohen Holz dich feine Gliederpuppe zu schälen! Hat es dich nicht berührt, wenn er auf einer Probe alles gab, um dir ein bißchen Leben einzuhauchen?

ODILE Er wollte mir sein Tempo aufzwingen. Den ruhigen Schritten meines Herzens seine dunkle Hast.
Sein Tempo, seine Ideale – alles gegen mich, die langsam lebt und langsam heiter wird ...
Nun kann ich meine Sachen packen. Er kommt nicht mehr. Dich hat die Allgewalt gewählt, dich, den unscheinbarsten Mann, zu ihrem Handlanger.
Ich hatte fest damit gerechnet: der Auftrag wär an mich gegangen. Ich war mir ziemlich sicher, daß ich die Schwärze bin, die unseren Freund am Ende reinwaschen sollte. Wie schnell er

sich angeschmiegte der, die ihm den sicheren Untergang bereiten würde! In meinen Armen wäre er ein herzensguter Mann geworden, einfältig glücklich wie jeder andere. Und dann als kleiner Mensch gestorben.
Der Überbringer zieht den Fenstervorhang beiseite: auf der Tribüne sitzen, vereinzelt und über die Stuhlreihen verteilt, einige Randfiguren. Links oben der offene Durchgang, durch den Der Überbringer verschwindet.
Nun sag ich euch Lebwohl, ihr da auf der Probe, Kollegen, Randfiguren. Enttäuschung hat mir eure Kunst gebracht. Das war's nicht, was ich suchte. Es hat mir sehr mißfallen, das Schauspielerische -ische -ische -ische an euch. Eure Unglaubwürdigkeit und daß ihr kein leises Wort aussprechen könnt, ohne es überauszusprechen. Und wenn ihr schreit, dann geht es mir durch Mark und Bein, und zwar nur, weil der Schrei so falsch geschrien wird. Nur nicht schreien! Fangt bloß nicht wieder an, einer von euch, den nackten Schrei auszustoßen ... Er ist noch niemals nackt herausgekommen. Den Seufzer eines Mannes solltet ihr üben, den ein kleiner Bote der Allgewalt in den Freitod schickte statt zu mir, und laßt den kleinen Seufzer wandern durch euer Spiel. Und wenn euch vor lauter falscher Ergriffenheit die Unterlippe anfängt zu zittern, so beißt euch mit den Vorderzähnen drauf. Haltet es aus, daß ihr nichts Erschütterndes von euch geben könnt. Macht zum Schluß lieber einen dummen Witz. Der gelingt euch einigermaßen. Seid streng mit euch im Banalen. Verlaßt die Grenzen des Banalen nicht!
Zum Schluß noch eine Bitte an diesen oder jenen unter euch, der mich gern besuchte. Löscht meine Nummer, löscht Namen, Kürzel und Adresse aus dem Notebook-Speicher. Von nun an möchte ich für euch nicht mehr erreichbar sein. Vergeßt mich freundlich!
Sie geht ab.

DREI RANDFIGUREN/MÄNNLICH Eine leichtlebige Person ist sie gewesen, mit vierzehn verführt, mit achtzehn verheiratet, begann ganz klein im Rundfunkchor. Johann war mit ihr und nach ihm ein alter Säufer namens Riemerschmied

du solltest leben wie Imperia, sagte ihr einer, wie die großen Kurtisanen früher, die bekanntlich den Petrarca und den Boccaccio auswendig kannten. Schaff dir deinen Kulturarbeitsplatz und verkauf dich an gebildete junge Misanthropen. Gefällige Wechselreden beherrscht die Frau von heute nicht. Sie sind ein seltener Genuß, für den man gar nicht hoch genug bezahlen kann

so ist es eben. Die Barke der Frauen, die uns Glück bringen sollten, zieht aufs offene Meer hinaus, die Kurtisanen winken zum Ufer zurück

Aus der Schar der Randfiguren erheben sich zwei Männer: Kleindarsteller und Autor Asmuß.

KLEINDARSTELLER *leise* Protest! Da stehen Sie in Ihrem Hochwassermäntelchen, Autor Asmuß, am Ärmel lösen sich die Manschetten auf, vom Kopf steht eine wippende Haarsträhne wie ein Gockelschweif – so einer sind Sie und verkürzen ein ganzes Menschenleben auf eine Stichwortgabe.

AUTOR ASMUSS Da stehe ich und stehe deutlich da im Gegensatz zum Sachbuchschreiber, dem noch das teure Badeöl von der Manschette duftet.

KLEINDARSTELLER Warum lassen Sie einen Menschen auf die Bühne treten, dem Sie keine Geschichte gewähren? Dem Sie keinen Charakter verleihen. Ja, nicht einmal die kleinste Eigenart.

AUTOR ASMUSS Ich verfolge einen Menschen um zwei, drei Ecken, dann verliert sich seine Spur in der Menge. So wie das Leben meist nur zwei, drei Sprünge macht, und dann verläuft es irgendwo im Sande. Zawlazaw, hier ein wenig, dort ein wenig, Sie wissen schon.

KLEINDARSTELLER »Burghardt« heißt der unmenschlich abgekürzte Mann in Ihrem INVERNESS. Der einmal kurz den Saal betritt, den Freitod seines besten Freundes meldet und darauf nie mehr gesehen ward.

Burghardt. Warum mit »gh«, warum mit »dt«? Nun, man darf vermuten, der hat's von Jugend auf nicht leicht gehabt mit seinem Namen. Denken Sie, schon in der Schule, immer buchstabieren, immer auf der korrekten Schreibung des Namens bestehen! Und wie oft, dennoch, liest er den eigenen Namen falsch geschrieben! Und niemand spricht ihn mit all seinen Lettern aus. Wie Horst oder Klaus. Wie läßt man ein gh, ein dt klingen? Der Name ist kein oberflächlicher Zierat am Menschen, das wissen Sie so gut wie ich. Man lebt seinen Namen. Und man lebt auch seinen ständig falsch geschriebenen Namen. So etwas treibt mit der Zeit den Eisenstaub der Verunsicherung in die Lunge der Identität. Ich dachte, ich gebe Burghardt eine reelle Chance. Mit seinem Erscheinen auf der Bühne – eine Episode, ein Meldeauftritt, ein Szenentupfer, nicht mehr – nimmt Ihr Drama keine neue Wendung. Warum überhaupt ein Name für ein so kurzes Bühnenleben? Also werde ich versuchen, um der Menschenwürde willen, in seinen kurzen Auftritt ebensoviel an Lebensmaterie hineinzuverdichten wie, sagen wir, ein Anton Webern in eine Sekunde seiner Musik. Gerafft, geballt, gestaut auf engste Frist. Ich werde versuchen, diesen Mann, Burghardt, der von Kindesbeinen an gezwungen ist, vor jedermann, jedem Lehrer, jeder Behörde, jeder Geliebten, jedem Sportverein, seinen Namen zu buchstabieren, mit einem Schlag unverwechselbar, wenn nicht unvergeßlich zu machen. Ich sprenge zunächst das Klischee, das Sie von diesem allzu alltäglichen Menschen geben. Ich zeige auf seiner Oberfläche ein Craquelé, ungeahnte Risse, Spalten, Brüche. Sie werden einwenden: dazu bleibt Ihnen auf der Bühne kaum die Zeit. Irrtum! Ich brauche überhaupt keine Zeit. Ich brauche für meinen Burghardt, wie ich ihn sehe, weder Text noch Raum, noch Zeit. Er ist da, tritt auf, vielleicht hier, vielleicht tiefer im Hintergrund, verdeckter Auftritt oder offen, spielt alles keine Rolle. Er steht jedenfalls noch nicht ganz auf der Bühne, und jeden Zuschauer durchzuckt es schon, es durchrieselt ihn der uralte Schauer: das bist du! …

Ich bringe ihn so, dafür stehe ich ein mit meinem Handwerk, spiele ihn im Endeffekt so daseinstypisch, daß kein einziger Zuschauer sich des Eindrucks erwehren kann, dieser armselige Burghardt selbst zu sein. Ja, ich traue mir zu, ich strebe es an, daß jedermann im Publikum mit mir und vor sich hin leise diesen Namen buchstabiert. Schreiben Sie mir nur dieses eine Wörtchen in die Rolle: Burghardt. Es steht nicht im Text. Ich brauche den übrigen Text gar nicht. Ich brauche nur den Namen. Niemand spricht ihn aus im Stück. Nur wer den Programmzettel genau studiert, erfährt, wie ich heiße in Ihrem INVERNESS. Geben Sie den Namen frei, Asmuß! Und lassen Sie mich meinen Auftritt damit beginnen, daß ich mich vorstelle. Ich stelle mich wem vor? Dem Publikum? Natürlich nicht. Den Umstehenden? Wozu? Die wissen, wer ich bin. Ich stelle mich – ich versuche es! –, ich stelle mich mir selber vor. Ich, fassungslos, von einem erschütternden Erlebnis halb benommen, habe jede Beziehung zu meinem Namen verloren. Lassen Sie mich das machen. Ich bitte Sie inständig. Von mir aus verlegen Sie die folgende Mitteilung in den Mund einer anderen Person. Soll doch die Xenia den ganzen Riemen noch dazubekommen. Sie ist textversessen aus Prinzip. Ich brauche nur ein Wort. Mit diesem Namen kämpfe ich wie Hamlet mit Laertes im selben Atemzug wie Buster Keaton mit dem Gartenschlauch. Und ich schwöre Ihnen: in diesem Augenblick werden Sie nicht mehr unterscheiden können zwischen Schwert und Schlauch. Schreiben Sie hinein in Ihren Text: den kleinen unglückseligen Namen, damit ich, Rolf Bach, leben kann in Ihrem Stück!

IV
Anfang und Ende

I

Meriggio

Der ANFANG im Gebirge. Felsvorsprung über einer Steilwand. Eine einzige verkrüppelte Fichte. Sie (Magda) sitzt in einem durchsichtigen Unterkleid auf dem Steinplateau. Er (Christian/W), der mit dem Rücken zum Betrachter in demselben Augenblick vor ihr anhält, da das Licht auf die Szene fällt – ist nackt bis auf ein Hemd, das er um seine Hüfte geschlungen hat. Runder Schädel, in der rechten Hand ein knotiger Wanderstecken (vgl. Mario Sironis Bild »Meriggio«).
Die Frau hat die ausgestreckten Beine übereinandergeschlagen, das rechte Knie ein wenig angezogen, darüber hängt die große linke Hand.

SIE Ich sage du, weil nichts mehr abzuwenden ist.
Ich sah in die Schlucht hinab, ich träumte meinen Sturz mit dem silbernen Wasserfall.
Ich bemerkte nicht, daß sich jemand näherte. Ich sah dich nicht kommen. Ich hatte nur diesen einzigen Aufblick, und du warst da. Angekommen. Standst. Ich fürchtete mich nicht vor dir. Im ersten Anfang – und er liegt, so scheint es mir, schon lang zurück, obgleich es doch die vorige Sekunde war –, im ersten Anfang erschrak ich nicht, ich war nicht einmal überrascht. Ich sah, daß du mich nicht beobachtet hattest. Du warst nicht herbeigeeilt, weil du mich von fern erblickt oder erspäht hattest. Du kamst deiner Wege, wie du sie, dem Anschein nach, immer gehst, wenn du im Gebirge die Einsamkeit suchst. Du gingst nackt und dein Mund stand offen voll Atem. Du kamst deines Wegs, und ich saß dir im Weg. Du hobst deinen Blick vom Weg, und ich hob meinen Kopf zu dir, gleichzeitig taten wir es, und jeder trat in des anderen Erstaunen ein.
ER Was soll ich sagen?

SIE So ist es gewesen. Anders könntest auch du es nicht sagen. Hätte es nicht im ersten Anfang ein gemeinsames Erwachen gegeben, wären wir vielleicht rechtzeitig voreinander geflohen.

ER Ich bin nackt. Ich renne über die Felsen, um mir Bosheit und Roheit aus dem Leib zu jagen.

SIE Ich sitze hier, weil du, weil Bosheit ... und das andere, mir zustoßen sollen. Du wirst mir der verhaßteste Mensch werden, dem ich je begegnete. Wenn ich es überstehe ... wenn ich dann noch etwas empfinden kann. Es ist nicht abzuwenden, daß du mir Gewalt antust.

ER Warum nennst du es Gewalt?

SIE Weil ich dich nicht ertrage. Und dich auch niemals ertragen werde.

ER Wie kannst du das wissen?

SIE Weil ich hierher aufstieg, um mich in das Grab meines Glücks zu stürzen. All meine Wünsche sind erfüllt. Ich habe vergangene Nacht den Mann umarmt, den ich mein Lebtag einer anderen mißgönnte. Nur das noch, so hatte ich geschworen, danach Stürzen, Vergessen, Verlieren. Nie wieder berührt werden. Nur das noch.

ER Gib mir eine Chance.

SIE Welche?

ER Es zu vermeiden.

SIE Wie?

ER Tu, was du tun wolltest, ehe ich vor dir stand.

SIE Mit dem silbernen Wasser fallen? Mich in die Tiefe stürzen? Du würdest es mitansehen, ohne mich daran zu hindern? Du würdest auf den Genuß verzichten vorher?

ER Fragen, Fragen. Du handelst nicht.

SIE Ich, die –

ER Ich, der –

SIE Ich, die ich nur da bin, mein einziges Laster, leibhaftig dazusein, statt dir ein Traum, eine Heimsuchung, ein Nebel. Eine weibliche Figur auf entlegenem Fels. Jemand, den du nicht verschonen kannst, denn er, ein anderer, hat mich heute nacht schön gemacht, schön für jedermann.

Er Ich, der keine Phantasie besitzt, ein armes Geschöpf, das keine Phantasie besitzt, nur Wachsamkeit wie ein Tier, und Roheit.

Sie Ich, die dem Glück, daß mich eben noch ein anderer liebte, zum Opfer fällt. Mein Glück hast du gewittert wie ein Tier von weitem.

Er Willst du dein Kleid ausziehen?

Sie Nein. Ich werde mich nicht ausziehen.

Er Es soll nicht nach Verständigung zwischen uns aussehen?

Sie Ich werde mich nicht wehren. Du brauchst mich nicht zu schlagen.

Er Bis jetzt reden wir friedlich über den Unfrieden, der vielleicht über uns hereinbricht. Vielleicht auch nicht.

Sie Glauben Sie wirklich, es genügten Worte, um das Vergehen von uns abzuwenden? Hier in der Höhe, ohne Augenzeugen, ohne Fluchtmöglichkeit, in den Fängen der Lage, die ausweglos ist?

Er Du sprichst die Lage. Sie ergibt sich Zug um Zug aus deinen Worten. Es wäre möglich, sich nicht anzuschauen und schweigend Seite an Seite ein wenig auszuruhen.

Sie Ein neben mir Sitzender – du? Mir nicht mehr gegenüber, so daß ich immerhin deine kleinste Regung bemerke, die geringste Änderung an dir feststellen kann? Ein neben mir Sitzender kannst du nicht sein.

Ich freue mich, daß ich das alles noch sagen kann.

Er Es gibt Gefahren, aus denen nicht das Reden, sondern nur das Laufen hinausführt. Komm mit mir! Lauf so schnell du kannst hinter mir her!

Sie Ich kann nicht. Meine Seele rennt nicht. Ich habe nichts, was ich mir aus dem Leib rennen müßte. Keine Begierde mehr, keine Bosheit, keine Illusion. Nur das Glück der vergangenen Nacht, für das ich jetzt büßen muß. Indem ich hierbleibe. Daß du mein Glück schändest, ist schlimmer als alle Gewalt, die du mir antust. Wie du mußt.

Er Vielleicht wirst du dir später vorwerfen, daß du nicht weggelaufen bist. Oder mit mir mittags über die Felsen gerannt.
Sie Dazu wird es nicht mehr kommen.
Er Indem du dich nicht von der Stelle rührst, wird deine Schönheit immer grausamer. Bis zuletzt willst du nicht darauf verzichten, mir deine schöne Figur zu zeigen?
Sie Meine Furcht ist ohne Kauern oder Zittern.
Ich sitze, wie ein Mensch für Menschen eben sitzt, egal, ob das Auge eines Kinds auf mir ruht oder das meines Schänders. Meines Würgers. Solange ich nicht verrenkt im Schluchtgrund liege, verführt mein Körper, lockt er Augen an, wie eine Blume leuchtet ohne die Absicht, einem einzigen Falter zu gefallen.

Mittags

Am ENDE der Besuch bei seiner geschiedenen Frau (Sie), wo (Er) auf seinen Jungen wartet, um ihn mitzunehmen auf eine Ferienreise.

Er Du bist der einzige Mensch, von dem ich sicher weiß, daß er mich über den Tod hinaus hassen wird.
Sie Ja. Wie könnte es anders sein?
Er Du milderst nicht einmal das Wort »Haß«? Du bestreitest es nicht?
Sie Nein. Wodurch sollte ich es ersetzen?
Er Ich habe dich gezwungen, nach Deutschland zurückzukehren. Ich habe dich bestrafen lassen, als du versuchtest, den Jungen zu entführen. Du wirst mir bei Gott nicht einen Schritt von den getroffenen Vereinbarungen abweichen.
Sie Und du sollst wissen, daß ich nichts unversucht lasse, um mein Kind deinem schmutzigen Einfluß zu entziehen.
Er So fanatisch, wie du mich einst mit deiner Eifersucht ver-

folgtest – kannst du dir das noch vorstellen? Ich bin immer noch derselbe Mann, den du damals aus Eifersucht zu töten bereit warst.

SIE Dich zu töten?

ER Ja. Aus gekränkter Begierde? Aus Liebe? Ich weiß es nicht.

SIE Ich rede nicht mit dir über vergangene Zeiten.
Du bist hier, um den Jungen abzuholen. Den Jungen abzuholen bedeutet nichts weiter als den Jungen abholen. Eine Regel einhalten, nichts weiter. Hast du daran gedacht, daß er sich ein Paar Satteltaschen wünscht? Es würde ihn freuen.

ER Freut er sich?

SIE Auf dich? Auf die Reise freut er sich.

ER Warum sagst du nicht: er spricht schon seit Tagen von nichts anderem? Obwohl es sicher die Wahrheit ist. Warum gönnst du mir nicht, daß er sich wie ein Schneekönig freut auf die Reise mit mir?

SIE Er mußte sich bis gestern auf eine Klassenarbeit vorbereiten.

ER Ja. So ist es nun. So ist es eben. Da ist gar nichts zu machen. Ich will dir sagen: ich finde es immerhin beruhigend, daß ich eine Antwort bekomme, wenn ich dich etwas frage. Zäh, leise, unbarmherzig. Es herrscht gottlob ein erträglicher Ton zwischen dir und mir. Endlich. Du klagst mich nicht mehr an. Du beschimpfst mich nicht mehr?

SIE Mußt du mich fragen?

ER Du siehst mich an. Erstaunlicherweise siehst du mich an.
Und dann frage ich dich. Ganz unwillkürlich.

SIE Es gibt keinen Grund mehr, aufeinander loszugehen.
Ich gebe nur soviel nach, wie es die Regeln von mir verlangen.

ER Aber daß du mich anschaust, daß du mir hinter die Stirn zu blicken suchst, ist schon seit langem nicht mehr vorgekommen. Es schien mir eben, als hättest du dich gefragt: Was empfinde ich eigentlich noch für diesen Menschen?

SIE Für dich? Ha! Du täuschst dich. Beim Gedankenlesen noch öfter als bei deinen übrigen Lektüren. Ich habe mich gefragt: Wie lange muß ich noch mit diesem Menschen reden?

ER Es wäre nicht nötig zu reden, wenn wir einander nicht gegenübersäßen.

SIE Es wäre dringend nötig. Ich habe dir etwas zu sagen. Sebastian wird dich nicht begleiten.

ER Warum?

SIE Er kann nicht mitfahren. Meine Schwester nimmt ihn mit nach Amrum. Es wird ihm guttun.

ER Wir fahren auch ans Meer ...!

SIE Nach Griechenland soll er jetzt nicht fahren. Dort ist es zu heiß.

ER Das hast du dir eben überlegt, ausgedacht ...?!

SIE Ich rede mit dir, damit du nicht gleich wieder mit deinem Anwalt drohst. Sebastian ist nicht ganz gesund.

ER Nicht ganz gesund? Der Junge? Was fehlt ihm denn? Das habe ich doch schon einmal gehört! Es ist abscheulich, mit der Gesundheit des Jungen herumzufeilschen, um einen kleinen niedrigen Gewinn zu erzielen: daß er nicht mit seinem Vater auf die Reise kann! Du – du würdest sogar in Kauf nehmen, daß er – dir wär's lieber, er läge krank auf den Tod, als daß er einen einzigen Tag mit mir verbringt.

SIE Dich hat er jedes zweite Wochenende. Es scheint ihm zu genügen.

ER Liebst du dein Kind? Frag dich das mitten ins Herz hinein. Dann wirst du wissen: du liebst es keineswegs. Es ist für dich nur noch ein Beutestück. Oder eine Waffe, mit der du Rache übst. An mir. An mir. Du kannst ihn gar nicht lieben, weil du besessen bist von mir – von mir bist du besessen und leidest an dem Kind, das sich so klar zu mir bekennt, das mir so ähnlich ist in vielen Zügen! Du bist die Teufelskälte in Person.

SIE Du machst mir nicht so einen Lump aus ihm, wie du es bist. Du wirst mir diesen Menschen nicht verderben.

ER Warum hast du nach den Satteltaschen gefragt? Beruhige dich.
Warum hast du nach den Satteltaschen gefragt? Es ist gut. Laß es gut sein.

SIE So ist es eben. Es ist ein Fehler, so lange miteinander zu reden.

ER Es ist ein Fehler, daß du mich immerzu anschaust. Ich sagte es schon. Aber du suchst ja nach Gewalt, du starrst sie herbei!

SIE Du und Gewalt? Welche Gewalt? Du bist verrückt. Du sollst mich in Ruhe lassen. Ich starre dich an, weil ich mein halbes Leben, das du bist, nicht verstehe, einfach nicht verstehe ... Du wirst ihm Satteltaschen kaufen! Du schenkst ihm Satteltaschen, du gehst und kaufst jetzt Satteltaschen, auch wenn diese Satteltaschen nichts, aber auch gar nichts mit eurer Reise zu tun haben, weil es nämlich eine Reise von euch beiden nicht geben wird und weil du nicht ein zweites Mal –

ER Es darf doch nicht sein, daß du wieder zu delirieren beginnst. Zwei Jahre bin ich davon verschont geblieben. Mein Gott! Warum haben wir miteinander gesprochen? Warum hast du mich angeschaut? Du hast es dir ausgedacht. Es war kein Plan. Es ist einfach über dich gekommen. Deine Schwester weiß noch nichts von ihrem Glück.

2

Halbentschlossenheit

Sie (Vilma) und Er (Rüdiger) auf zwei Stühlen im Halbdunkel. Licht fällt durch die halbgeöffnete Tür. Geräusche von anderen Menschen im Nebenraum.
Nachdem Er beide Hände unter ihren Rock geschoben hat, dann aber zögert und anhält, erhebt Sie sich vom Stuhl und drängt ihn sanft ab, streift den Rock glatt. Er gibt auf und sie setzen sich wieder, wenden sich seitlich einander zu, stützen die angewinkelten Arme auf die Stuhllehne und lehnen den Kopf an die Hand. Sie fahren einer dem anderen mit dem Zeigefinger über die Lippen. Nun löst sich das gescheiterte Verlangen in ein freundliches Lächeln. Neue Position zueinander: Sie, indem sie die Arme hebt, eine Nadel aus ihrem Haar hebt, sie in den Mund steckt, die Haare neu ordnet, die Nadel wieder zurücksteckt und zum Schluß die beiden Hände flach auf die Knie legt. Er, indem er die Manschettenknöpfe seines Hemds öffnet, die beiden Manschetten über die Jackettärmel schlägt …

ER Irgendeine Winzigkeit stört, und man läßt es. Man läßt es dann doch.
SIE Ja. Ich wüßte nicht einmal zu sagen, was.
ER Bei mir ist es die Vorstellung, alles noch einmal erzählen, einem neuen Menschen, einer Unbekannten, von sich alles noch einmal erzählen zu müssen, die ganze Lebensgeschichte, das schreckt mich ab, das kühlt mich aus.
SIE Ich glaube, bei mir ist es der neue Mensch an sich. Ich mag letztlich keinen neuen Menschen mehr in meiner Nähe. Das Kennenlernen bereitet mir ungeheure Anstrengungen, es ermüdet mich. Früher war das anders. Da dachte ich: Du bist für den Fremden geboren. Du hast die Figur dafür, dein Körper ist das Trojanische Pferd, mit dem du in seine Burg eindringst

und seine Fremdheit besiegst. Das ist mit den Jahren natürlich nicht mehr aktuell. Mein Körper ist als List nicht mehr zu gebrauchen. Er ist kein Mittel zu einem höheren Zweck mehr. Er ist durchaus nur noch sein eigener bescheidener Zweck. Aber das bringen Sie einem anderen Menschen erst einmal bei, daß Sie einerseits nichts Näheres von ihm wissen wollen, andererseits aber auch keinen Fremden mit befremdlichen Gewohnheiten neben sich ertragen können.

ER Das würde mich nicht einmal besonders stören. Im Gegenteil. Es entspräche durchaus meiner Eigenart. Was mich befremdet, langweilt mich nicht. Es ist ungewöhnlich. Es kann sehr anziehend, aber auch sehr abstoßend auf mich wirken. Was ich hingegen fürchte, und es läuft ja todsicher darauf hinaus, daß wir das Ganze, das Ereignis, hinterher unendlich klug, unendlich ausführlich besprechen werden, wie man ja jetzt schon sieht, bevor es stattgefunden hat, das stößt mich ab, das kühlt mich aus.

SIE Ich glaube nicht einmal, daß es so gekommen wäre. Ich bin an sich geneigt, in dem Ereignis selbst – wenn's je eines würde, Ihr Wort in Gottes Ohr! – restlos aufzugehen. Das ist an sich ganz schön, wie ich den letzten Vorbehalt verlier, wenn's soweit ist, und mich wirklich riesig freuen kann. Ich bin – vorausgesetzt, Ihr Wort, Ereignis, träfe zu, das einmal vorausgesetzt – im Grunde dann ein völlig anderer Mensch. Der dann natürlich auch nicht mehr denselben Text redet wie ich jetzt oder eben noch zu Ihnen.

ER Welchen denn?

SIE Weiß ich nicht. Was Neues. Oder gar nichts. Hängt vom Ereignis ab.

ER Wenn ich ehrlich bin, so ist es Ihre kniffligе Gescheitheit, die mich in meiner Halbentschlossenheit eher noch bestärkt.

SIE Wie dumm von mir. Die paar Redewendungen, die ich von mir gebe, machen auf Sie den Eindruck von gescheit? Wie hab ich mich getäuscht in Ihnen. Ich rede ziemlich plump drauflos, um nur ja nicht gescheit zu wirken.

Er Da Sie in Wirklichkeit noch viel gescheiter sind.

Sie Das hoffe ich doch. Aber davon werden Sie nie etwas zu spüren bekommen.

Er Mit irgend etwas habe ich Sie aufgebracht. Etwas, das nichts mit gescheit oder nicht gescheit zu tun hat. Was war es bloß?

Sie Nein, nein. Es war gescheit und nicht gescheit. In diesem Punkt bin ich empfindlich. Da reagiere ich ungehalten, drastisch.

Er Ich glaube, Sie schützen die Gescheitheit vor. Erregt hat Sie und unbesonnen machte Sie –

Sie Gescheit und nicht gescheit, das reicht mir wohl!

Er Halbentschlossenheit! Das war's. Ich sagte: Halbentschlossenheit. Das hat Sie zweifellos verstimmt.

Sie Halbentschlossenheit? Das ist kein Wort. Ich habe es überhört.

Er Das können Sie gar nicht überhört haben. Ich habe es extra für Sie gesagt mit angehobener Stimme. Denn es stimmte nicht.

Sie Ach? Wenn Sie auch noch lügen, dann findet sich keiner mehr zurecht.

Er Ich war nie halbentschlossen. Halbentschlossen nicht. Zuerst so wild entschlossen, ganz, Sie hier und auf der Stelle, gleich auf dem Stuhl sofort zu besitzen. Und im nächsten Augenblick ganz entschlossen, es nicht zu tun. Nein, nicht nur nicht: Sie nie zu lieben, nicht jetzt, nicht je. An beiden Entschlüssen, besser noch: Entschlossenheiten, gleich stark jede zu ihrer Sekunde, mir gleich lieb jede eine, hat sich bis jetzt auch nichts geändert.

Sie An beiden nicht? Auch der Entschluß mit »jetzt und auf der Stelle, hier auf dem Stuhl sofort« existierte noch? Das wäre unverschämt und zwänge mich, auf Ihr doppeltes Empfinden mit einer albernen Eindeutigkeit zu antworten.

Er Und sie hieße?

Sie Entscheiden Sie sich endlich. Oder etwas ähnlich Blödes.

Er Sie würden nicht mal sagen, lieber Herr, zu spät, es tut mir leid …

SIE Das wäre noch dümmer. Und auch nicht wahrgesprochen. Und nur was wahrgesprochen wird, zwischen uns jetzt, unbedingt, führt aus der Unentschiedenheit heraus.

ER Da muß ich gleich verbessern: unentschieden war ich zu keinem Zeitpunkt. Nur zweimal nebeneinander fest entschlossen, und bin, wie gesagt, es noch.

SIE Wie soll das gehen? Was geht denn nun und was geht nicht? Ich kann das nicht verstehen.
So eng allein mit Worten verschlingen Mann und Frau sich selten.

ER Ich würde sagen: enger verschlingen sich zwei Menschen, die sich gar nicht lieben, auch mit Arm und Beinen nicht.

SIE Glauben Sie? Ich glaube nicht.

ER Lassen Sie jetzt durchblicken, das Handwerk des Liebens, selbst grobsinnlich ausgeführt, stellt früher oder später auch die Liebe her?

SIE So denke ich nie. Ich denke niemals früher oder später, nie. Ich denke immer jetzt.

ER Wirklich?

SIE Nicht, Lieber, nicht so. So fragt man nicht.

ER Sie sagten: wahrgesprochen …

SIE Alles wahrgesprochen. Kleine Schnörkel zählen nicht.
Machen Sie so weiter, und Sie beleidigen mich. Nur daß wir uns hier und jetzt nicht mißverstehen: es gibt ihn, den gewissen, ungewissen Zeitpunkt, an dem ich aufsteh und mit Leichtigkeit von hier verschwinde.

ER Sie haben mir nie erklärt, weshalb, als meine Hände auf Ihren Knien nur um einen Hauch nicht weiterstiegen, Sie aufgestanden sind bei diesem Hauch und mich von Ihren Beinen streiften anstelle Ihres Rocks?

SIE Ich sagte doch: zu neu, zu fremd, zu unbekannt. Man läßt es lieber.

ER Sie dachten nicht: er ist mir letztlich doch zu häßlich?

SIE Zu häßlich? Sie gehen zu weit. Ich möchte nicht als nächstes hören, ich sei leider auch nicht mehr die Jüngste. Hören Sie:

wir säßen hier nicht unentschieden, ernsthaft unentschieden fest, wenn es bloß darum ginge, sich gegenseitig mit trüben Anspielungen zuzusetzen.

ER Es ist schön von Ihnen, daß Sie unser aufrichtiges Für und Wider vor Trübsinn und vor Eitelkeit bewahren möchten und davor, daß wir einer in des anderen offenes Messer rennen. Jetzt kann ich kaum mehr nachvollziehen, was mich zuletzt doch nicht so hinriß, was mich letzten Endes davon abhielt, ohne Rücksicht auf Ihr mögliches Zurückweichen, die Hände höher unter Ihren Rock zu bringen.

SIE Ich habe mich wirklich nicht gesträubt.

ER Ich hatte auch nicht ungeschickt begonnen. Sie erinnern sich?

Er legt die Hände erneut auf ihre Knie.

SIE Nicht ungeschickt. Doch im selben, u n s e r e m selben Augenblick gleichsam ein jahrhunderttiefes Nachlassen gespürt – und auch gezeigt.

ER Sie auch.

SIE Ich? Nein.

Mein Lieber, was läßt uns jetzt noch weitersprechen?

ER Du.

SIE *erhebt sich* Du. Du: ja!

ER *nimmt die Hände zurück, blickt unter sich* Du ... nein.

SIE Wie? Was hast du gesagt? Du nein? Furchtbar. Du nein? Wahrgesprochen?

ER Sprachgeborenes Nein. Ich selber nicht –

SIE Hast nein gesagt zu mir, und diesmal ganzentschlossen?

ER Die Sprache sprach's. Ich selber nicht.

SIE Und ich? Ich liebe dich.

Sie sinkt auf den Stuhl zurück.

Das ist das Ende.

3

Ende und Anfang

Im Ferienhaus. Ein Zimmer mit Durchgang zur Terrasse. Rechts in die Wand eingelassen die Computernische mit Björn vor dem Bildschirm. Vor der diagonal in die Bühne gezogenen Rückwand einige Stühle. An ihrer linken Begrenzung ein einzelner Stuhl, auf dem später Der Lebensgefährte (Rüdiger) Platz nimmt mit dem Rücken zur Szene.
Die Mutter (Agathe) kommt von der Terrasse.

DIE MUTTER Wir haben Besuch, Björn. An diesen Mann könnte ich unser Ferienhaus vermieten. Er ist bereit, einen guten Preis zu zahlen. Die Lage gefällt, die Wohnung gefällt. Er ist ein ernsthafter Interessent, er ist ein ordentlicher Mann. Mehr als das. Er ist ein interessanter Mann. Man kann sich gut mit ihm unterhalten. Ich finde ihn ziemlich nett. Ich könnte mich sehr gut mit ihm unterhalten. Aber ich komme nicht dazu. Ich muß mich ärgern. Ich möchte ihm meinen Sohn vorstellen. Aber mein Sohn bewegt seinen faulen Arsch nicht weg vom Netz. Ich laufe zurück zum Besuch. Beim Besuch fällt mir ein: So geht es nicht. Das läßt du dem Sohn nicht durchgehen. Der Sohn hat sich zu benehmen. Zurück zum Sohn. Ihn gebeten. Nichts. Ihn bedrängt. Nichts. Ihn beschimpft. Nichts. Rührt sich nicht. Zurück auf die Terrasse. Zum Gast. Der Mann ist hinreißend. Er sagt, gern hätte ich Ihren Sohn kennengelernt. Ich habe aus erster Ehe eine Tochter. Mein Sohn! Denke ich. Warum bekomme ich meinen Sohn nicht dazu, diesem Mann einen guten Tag zu wünschen? Diesem Mann, um den sich möglicherweise in Zukunft mehr dreht, als mir momentan bewußt ist. Dieser Sohn, dem ich meinen Beruf, mein bißchen Selbstbewußtsein, mein halbes Leben geopfert habe, dem ich sogar, genaugenommen, meinen Lebensgefährten und

meine Hobbys geopfert habe. Was ist los mit mir? Warum schaffe ich es nicht? Was habe ich falsch gemacht? So stehe ich da zwischen Gast und Sohn und lasse die Arme hängen.
Björn, du Klump. Fünfzehn Jahre und so ein fetter Junge.
Sie geht mit ihrem Whiskyglas in Richtung Terrasse, wendet sich um.
Du grüßt nicht? Du blickst uns nicht an? Du gottverdammter Batzen!
Du Klump, du Trumm, du Klops!
Ich habe nicht mehr den richtigen Ton. Leicht abgerutscht auf der Skala der Mutterlaute.

DER GAST (CHRISTOPH/O) *erscheint in der Terrassentür mit Whiskyglas* Herrliches Haus. Herrlicher Ausblick.
Und dann das.

DIE MUTTER Sag du's ihm. Gib's ihm. Los! Bring's ihm bei.

DER GAST Überall braucht man geschickte Hände, Björn. Menschen mit geschickten Händen, die im Haus was reparieren können. Du kannst mit deinen Händen so viel mehr tun, als bloß die Maus zu klicken. Sieh mal: das ist ein menschliches Greiforgan. Greifen gleich begreifen. *plötzlich düster predigend* Totengruft und Grab ist dein Herz. Durch dich hindurch fließt der Höllenstrom, du ersäufst in seinen Fluten. Doch Jesus Christus ist der Taucher, der dich aus dem Schlammgrund emporheben wird.

DIE MUTTER Es hat keinen Zweck. Gehen wir. Kinder gehören nicht in die Sonne.
Nach kurzem Abgang kommt sie zurück.
Es sieht ja so aus, als hättest du eine Pause eingelegt?
Es sieht ja so aus, als könnten wir zwei Lieben ein bißchen frische Luft schnappen ... draußen auf der Terrasse?
Sag mir doch, ob ich dich quäle. Sag mir doch, mein Herz, wenn's dir zuviel wird. Meine einzige Sorge ist, daß ich dich nicht mehr bemuttern kann. Nicht mehr behudern, beglucken beschnäbeln – damit du noch weiter aufgehst wie 'ne Dampfnudel. Meine einzige Sorge bist du, das Björn.

DER GAST *tritt aus dem Durchgang neben sie* Sie sind ein anderes System. Sie verstehen uns nicht. Wir wissen nicht, wofür es gut ist. Wir wissen nicht, für welche Zukunft sie trainieren. Sieht aus wie Schwachsinn, ist vielleicht aber eine Fingerübung für die Existenz von übermorgen. Wenn das Leben endet und das Überleben beginnt.

DIE MUTTER Laß deine Finger von Malchus. Sieh es ein. Du bringst es nicht zuwege, mit ihm in Kontakt zu treten.

DER GAST *zu Björn* Sie versteht nicht, wie ich es meine. Weißt du? Sie versteht meine einfachen zukunftsweisenden Worte nicht.

DIE MUTTER Du haßt ihn. Geh weg. Du haßt ihn.

DER GAST So doch nicht. So doch nicht. So erreichst du gar nichts.

DIE MUTTER Wie lange soll ich noch warten, Herr Arthur Metz, wie lange noch?

DER GAST Warum hast du ihn Malchus genannt?

DIE MUTTER Sein Taufname. Der Vater war für Malchus.

DER GAST Malchus hieß der Knecht, dem Petrus ein Ohr abschlug in Gethsemane!

DIE MUTTER Ach. Wußte ich nicht. Scheußlich.

DER GAST Gethsemane!

DIE MUTTER Ich kenne nicht die ganze Geschichte.

DER GAST Jesus?

DIE MUTTER Ja.

DER GAST Gründonnerstag?

DIE MUTTER Ja.

DER GAST Im Garten Gethsemane?

DIE MUTTER Ich wollte Björn. Ich sage auch meistens Björn. Ich wollte Malchus nicht. Das war seine Rache. Oder er dachte an das Ohr. Das abgeschlagene Ohr. Die letzte Grausamkeit von diesem Menschen. Hätte man mir das früher gesagt!

DER GAST Malchus klingt für sich nicht schlecht.

DIE MUTTER Klingt wie Markus, kaum ein Unterschied. Fürs Ohr.

Sie gehen auf die Terrasse ab.

Der Lebensgefährte *auf dem Stuhl am Ende der diagonalen Rückwand* In Wirklichkeit war deine Mutter damals zu mir gekommen. Sie stand einfach vor der Wohnungstür. Sie fragte mich, ob ich bereit sei, drei verschiedene Sorten Schokolade zu essen und darüber einen Fragebogen auszufüllen. Sie machte Interviews für eine Süßwarenfabrik und verdiente damit ihr Geld in den Semesterferien. Ich kostete von einer Kastaniencremeschokolade, von einer Wacholdercremeschokolade und von einer neuen Schokolade mit dem Decknamen Malchus Pendrar, deren Füllung nicht bekanntgegeben wurde und deren Geschmack ich besonders genau beschreiben sollte. Ich wußte, daß diese Sorte mein Leben verändern würde.

Die Mutter *kommt eilig von der Terrasse* Verzeih. Verzeih mir, Björn. Ich ahnte nicht, daß er ein Schwein ist. Ein Sektenprediger oder etwas Ähnliches. Jemand, der einen überreden will, es für Gott zu tun. Sex. Genauso wie das Wort schon sagt: ohne Herz und Verstand. Du hast richtig gehört: Sex! Hast du gehört? Das sind die übelsten Halunken, die dir das Anlitz des Herrn auf den Bauch pinseln wollen.

Du wirst verstehen, daß ich dir und mir das nicht zumuten kann. In meinem Alter schleppst du deinen Leib mit dir herum, aufgeschwemmt, am Tropf müder Hormone, du setzt dich draußen in die Sonne vor die Mauer. Du spürst schon das Gewürm, das in den Zellen wühlt unter der Hitze. Lange bevor es Nacht wird, lange bevor es unter der Erde endgültig die Herrschaft übernimmt. Um Leber, Herz und Milz: ein Fäulnisleuchten. Auflösung der Organe, Tümpel, schwammige Gewächse. Brackblut. Du bist noch jung, du kannst dich aus dem Staub machen. Was willst du hier noch? Älter werden? Vor dem Bildschirm hocken und langsam in die Breite gehen? ... Liebe. Das ist etwas anderes. Die Liebe Gottes. Du bist es ... Vielleicht. Vielleicht bist du es wirklich? Ein Erwählter. Ein Vorreiter der Erlösung. Kein Weg führt an dir vorbei. Ich nehme an, du wirst Visionen haben? Aber du wirst dich noch umgucken. Es kommt die elende Zeit, da sollst du kriechen und krabbeln wie die niedrigste Kreatur. Du wirst deine Mutter verraten, du wirst deine Frau bestehlen, und ihr werdet Abtreibungen haben. Du wirst dich selber hassen und nicht die Kraft aufbringen, um deinem Leben in Schuld und Verwüstung ein Ende zu setzen.

DER GAST *kommt eilig von der Terrasse; zu Björn* Was hat sie dir erzählt?

DIE MUTTER Nichts. Gar nichts.

DER GAST Ich will's von dir hören, du Fettkloß!
Gib es von dir! Mach's Maul auf, du impotente Krabbe!

DIE MUTTER Rühr ihn nicht an!

DER GAST Du siehst, daß sie verwirrt ist. Du darfst ihren Worten keinen Glauben schenken. Noch nicht. Ungeheure Kräfte wirken jetzt auf ihr Gewissen und bereiten sie vor auf ihre neue Aufgabe.

DIE MUTTER Ein Ultra! Hörst du? Ein Ultra, ein Ultraapostel spricht!
Wie leicht er lachte! Wie heiter er war. Wie lustig. Und wie intelligent. Als er kam, war er hinreißend, und er lachte so nett. Mein Gast, mein Mieter. Was brachte bloß den raschen Einsturz der Fassade?

DER LEBENSGEFÄHRTE *auf seinem Stuhl vorgebeugt, die Hände zwischen den offenen Knien langsam gegeneinanderreibend* Von wem redest du, Mama?

DIE MUTTER Von einem Menschen, in den ich mich um ein Haar verliebt hätte. Und dem ich nun ein für allemal die Tür weisen werde. Aber ich habe ihm noch das Haus zu zeigen, der Vertrag ist unterschrieben. Dein Liebling da verschwindet, Björn. Die Nische räumst du morgen frei.

DER GAST Sie haben zweifellos bemerkt, daß im Verlauf unserer Begegnung der Mietvertrag zwischen uns an Bedeutung verlor. Was Sie und ich besiegelt haben, ist der Vertrag mit Unserem Herrn.

DIE MUTTER Mit welchem Herrn?

DER GAST Der Vertrag mit dem Ewigen Herrn der Welt.

Es ist ein Vertrag, der unseren – unser beider gemeinsamen Gottesdienst in allen Einzelheiten verbindlich festlegt.

DIE MUTTER Ich habe nur den Mietvertrag unterschrieben!

DER GAST Wir beide haben dem Wohnen Gottes auf Erden eine neue Heimstatt gegeben.

DIE MUTTER Mein Kind!... Es weiß 'ne Menge, wenn es spricht. Es weiß genug. Der Junge hat am Schirm diverse Weltuntergänge durchgespielt. Was ihm fehlt, sind bloß die Tränen, die dazugehören. Was immer auch geschehen mag, er darf sich ehrlich sagen: ich sehe nichts, das ich nicht haargenau vorausgesehen hätte. Nur mein Kind durchdringt die Glocke des gefrorenen Staubs, unter der ich lebe. Nur Björn weiß, nur Björn versteht, und deshalb, deshalb hat er sich abgewandt von mir.

DER GAST *tippt in ein elektronisches Notizbuch* You got a message under your number 55710.

DIE MUTTER Was willst du noch?

DER GAST New e-mail under your five five seven one zero ... Abschwöre ich den Geistern meiner Insel, ich schließe meine Fenster, zerbreche Mouse und Joystick und lösche die Programme. Von heute an entsag ich meinen Games, ich löse mich vom Netz der Netze!

DIE MUTTER Laß ihn! Tu ihm nicht weh!

DER GAST Der Gedanke, den ich am meisten hasse: daß die Ähnlichen es am Ende schaffen werden. Daß diese Menschenähnlichen –

DIE MUTTER Machen wir uns nichts vor. Die Unglücklichen sind umsonst unglücklich gewesen. Sie und ich, wir halten's auch nicht länger aus als eine Minute am Tisch, von Angesicht zu Angesicht, nur eine Minute, dann springen wir auf und rennen zu einem Drittmenschen. Keiner hält es mehr aus im Vis-à-vis. Alles hat seine Zeit. Der Björn hat das längst kapiert. Insofern liegt er gar nicht so daneben.

DER GAST Das habe ich nicht gesagt.

DIE MUTTER *schlägt mit der flachen Hand auf die Sitzfläche des leeren Stuhls neben ihr* Doch! Haben Sie!

Sie steht auf, das Schultertuch bleibt an der Lehne hängen, und für einen Augenblick nimmt sie wohl an, Der Gast hielte sie zurück.

Schönheit, Herr Arthur Metz, die Schönheit ... Nie wird mein Kind sich freuen, wie die Rose riecht und wie die Berberitze scharlachrot im Herbstwind brennt. Nie wird es tief im Nebel stehen, wo die Angst noch Angst ist ...

DER GAST Wir stimmen überein im feinsten wie im gröbsten ... Es gibt für uns nur einen Kampf: den Schein der ganzen Welt zerschlagen, zum Einsturz bringen des Teufels übermächtiges Spiegelkabinett.

Wir, unsere Leute, das System, wir alle tun viel, sehr viel in dieser Richtung.

DIE MUTTER Ach, mit den Menschen kann man über die Hölle nicht reden. Ich sah mein Kind vergehen. Die meisten starren rückwärts auf das echte Blut, sie hören nur die lauten Morde der Geschichte und merken nichts vom gegenwärtig stillen Schlachten. Ich sah das Gesicht von meinem Kind vergehen.

Venus! war das erste Wort, das er sicher sprach. Ich zeigte ihm den Abendstern. Ich seh ihn noch: zwei Jahre alt, das schöne, helle Kind, und seh es jetzt, ein Sterben liegt dazwischen.

Sie nimmt einen Schuh, einen Armreif, einen Gürtel und wirft die Dinge gegen die Plastikscheibe, hinter der Björn an seinem PC sitzt.

Du warst mein schönes Kind. Du warst mein frohes Bürschlein. Ich sagte mir, es ist nicht dein, von deinem Fleisch und Blut allein kann so ein Leuchten ja nicht kommen, das ist dir nur vom Himmel anvertraut, das mußt du wachsam hüten.

Wo bist du, mein kleiner Gott? Versteckst dich nur im trägen Fleischsack? Komm raus, ich will dich küssen!

DER GAST Hat das Verbrechen erst den Segen des Gesetzes erlangt, so erstreckt sich die Verheerung grenzenlos. Die Erde wird unfruchtbar, ein Ort, an dem nur Verwachsenes wächst. Und Kinder kommen zur Welt, die ihre Eltern verklagen auf

Unsummen von Dollars, dafür daß sie geboren wurden und nicht im Keim erstickt.

DIE MUTTER Er kam nicht mißgebildet an! Er ist es jetzt, wie du ihn siehst, ein Machwerk dieser Welt, und die Welt ist eine Kindsmörderin, die die Gesichter löscht und Seelen ausräumt.

DER GAST Sie schreiten schon in unseren Reihen kraftvoll mit!

Die Mutter geht erschöpft zu einem Stuhl am Rand der hinteren Wand, sitzt dort fast Rücken an Rücken mit dem Lebensgefährten

Laß uns nach einem Ausweg suchen, hörst du?

Ich bin zweiundvierzig Jahre alt, ich will geliebt werden.

Ich ertrage deine Gleichgültigkeit nicht mehr. Es gibt nichts in deinem Verhalten, das nicht fühllos und abgestorben wäre. Aber du bist da, du bleibst da, du bleibst: mein MANN. Du enttäuschst mich zwanzigmal am Tag. Doch jede Nacht vergesse ich es wieder, dein scheußliches Dasein.

DER LEBENSGEFÄHRTE Vielleicht wegen der Dunkelheit, Mama. Vielleicht wegen der Süße der Nacht?

DIE MUTTER Nein. Deine Schönheit ist es. Sie blendet mich immer noch. Ich weiß jetzt genau, daß deine Erscheinung zu einem anderen Menschen gehört, der nicht so ein Unheilsbringer ist wie du.

DER GAST Du ahnst nicht, wie viele Menschen jetzt von selbst zu uns finden. Wie viele bereit sind, mit unserem System zu leben. Sich selbst und alles, was zu ihnen gehört, aufzugeben und zu vergessen, für null und nichtig zu erklären, woran ihr Herz so lange hing.

DIE MUTTER Ich wehre mich nicht mehr.

DER GAST Wir sind die Armee des Lichts, der Demut und der Zuversicht.

DER LEBENSGEFÄHRTE In dieser Armee wirst du bestimmt zum Korporal aufsteigen. Bekenne nur! Zuerst deinen Frevel. Zuerst deine eigenen Teufeleien.

DIE MUTTER Ich wehre mich nicht mehr.

DER GAST Das ist zuwenig. Du wirst uns nicht die Hülle deines

Geistes überlassen, leer wie ein Hemd, das auf dem Bettrand liegenblieb. Unsere Reihen schließen fest mit glühend überzeugten Kriegern.

DIE MUTTER Du besitzt kein Geheimnis. Das sag ich dir noch, bevor du die Macht ergreifst über mich: dir fehlt die tiefere Farbe, der dunkle Grund, die Schön-heit … Erst hat er *mit einer Geste zum Lebensgefährten* meine Kraft gebrochen, dann entwich mir mein Kind und zum Schluß kamst du: ein System. Drei Tode fast, gleich drei. Aber du bist der schlimmste. Deine Verheißung löscht alles aus, wofür ich gelebt habe, und selbst meine guten Jahre wischt sie zum Kehricht. Doch ich hoffe, ja ich weiß es: du herrschst jetzt deine Zeit und zeugst in mir den blinden Eifer, der eines Tages dann auch dir den Kopf abreißt.

DER GAST War das dein letztes Wort? Bist du nun bereit?

DIE MUTTER Ja.

DER GAST Dann komm. Geh aufrecht voran und wende den Blick nicht zurück.

DIE MUTTER *mit dem Gesicht an der Wand zum Lebensgefährten* Bring mir den Sohn heil durch die Zeit. Achte auf ihn. Sei nicht nachlässig. Greif nicht nach jedem Flittchen, das dir begegnet. Laß nicht überall etwas liegen. Achte auf deine Sachen. Verlier mein Kind nicht aus den Augen.

Lichtwechsel. Mutter, Gast und Lebensgefährte ab. Aus seiner Nische tritt Björn und geht zum Mittelgrund der Bühne. Er ist ein wenig korpulent, doch nicht fettleibig. Er trägt auch keine Hauskleidung, sondern einen weißen Pulli und lange Hosen mit Bügelfalte. Von links kommt eine junge Frau auf ihn zu mit einem Baby im Arm. Sobald sie einander gegenüberstehen, fällt auf sie ein kaltes Deckenlicht.

DIE FRAU Aber so schön ist es dann doch nicht gewesen, wenn du sagst, du hast es seither nicht wieder getan?

BJÖRN Doch, es war schön.

DIE FRAU Aber?
Du hast dich nicht wieder getraut?
BJÖRN Ich hatte das Gefühl, ich warte lieber –
DIE FRAU Worauf?
BJÖRN Bist du wiederkommst.
DIE FRAU Ich?
Wo hast du mich aufbewahrt? In deinem Gedächtnis? Oder in einer der vielen Dateien? In deinem Herzen oder wo?... Worüber hast du dich am meisten gefreut damals? Die Stille, das Licht, das Streicheln, die Küsse? Hast du dich nicht gewundert?
BJÖRN Ich wunderte mich, ja. Ich wundere mich seitdem, ich wundere mich noch immer.
DIE FRAU Was hast du gesehen?
BJÖRN Das da.
DIE FRAU Das Kind?
BJÖRN Ja, ich habe immer das Kind vor mir gesehen.
DIE FRAU Und mich? Hast du mich gesehen?
BJÖRN Ich glaube, ich habe nicht viel von dir gesehen.
DIE FRAU Hast du mich gesehen, als du dich erinnertest?
BJÖRN Ich glaube nicht. Ich weiß es nicht.
Das Kind war mir immer vor Augen.
DIE FRAU Das Kind ist von einem reichen Mann.
Er hat mich im Auftrag besucht, im Auftrag,
verstehst du?
BJÖRN Ja, ich verstehe. Ich verstehe. Ich glaube nicht, daß es stimmt, was du sagst. Sicher bin ich mir nicht.
DIE FRAU Ich habe nicht das Gefühl, daß es dich beunruhigt?
BJÖRN Sondern?
DIE FRAU Vielleicht möchtest du nicht davon reden? Weil du keine Lust mehr hast. Mit mir zu reden?
BJÖRN Ich verstehe deine Frage nicht.
DIE FRAU Ich glaube nicht, daß ich noch einmal an dich gedacht habe seitdem.
BJÖRN Warum bist du dann wiedergekommen?

DIE FRAU Ich komme jedes Jahr in den Ferien hierher. Meine Schwester fährt in die Schweiz und ich hüte ihr Haus. Das ist doch keine vernünftige Frage. Was willst du wissen?

BJÖRN Du kommst jetzt jedes Jahr?
Bis das Kind groß ist?

DIE FRAU Und du auch.

BJÖRN Dieses trostlose Nest. Nach der Schule sieht mich hier keiner mehr.

DIE FRAU Ich auch nicht?

BJÖRN Ich weiß nicht. Ich weiß nicht, weshalb du mich fragst?
Was sollen wir tun?

DIE FRAU *lächelt* Wir? Hast du »wir« gesagt? Wie kannst du »wir« sagen?!

Epilog

Vilma Agathe Magda vor der Rückwand. Eine Farbborte, die auf der Wand verläuft, überquert ihre Stirn.

VILMA Ich war hingerissen oder entsetzt, eins von beiden, jedenfalls aufgesprungen, vor Jahren einmal urplötzlich aufgesprungen, seitdem das lange Zurückgleiten auf den Sitz, einmal wild entschlossen irgend etwas anzupacken, doch im Aufsprung schon vergessen, was.

MAGDA Vor Jahren einmal aufgesprungen, vor Urzeiten, seitdem dies unendlich langsame Zurücksinken auf den Stuhl.
Einmal wild entschlossen, irgend etwas anzupacken. Doch im Aufsprung schon vergessen, was.

AGATHE Ich war hingerissen oder entsetzt, eins von beiden, jedenfalls völlig außer Fassung.
Etwas war mir in den Sinn geschossen, völlig ohne Grund, völlig ohne äußeren Anlaß. Vielleicht daß ich plötzlich dachte: Hausschlüssel! Scheckkarte! Aspirin! Wo?

MAGDA Es war ein völlig leeres, völlig überflüssiges, völlig grundloses Entsetzen. Einfach nur: den Boden unter den Füßen verloren. Ein völlig überflüssiges »Etwas ist nicht mehr da, wo's sein sollte«-Gefühl. Verloren, vergessen, verlegt.

VILMA Ich hatte aber gar nichts verschusselt. Ein leerer Schreck. Ein Schreck ohne Sinn oder Ziel. Reine Nervensache. Etwas, das die Nerven ganz allein ausgeheckt hatten und komplett unter sich durchspielten, ohne Rücksicht auf die Tatsachen.
Die Tür öffnet sich. Ein Mann brüllt in den Raum: »Hure!« und schlägt die Tür wieder zu.

VILMA Wer war das?

AGATHE Ich dachte, Rüdiger, der verrückte Hund.

MAGDA Und ich dachte: mein Vater.

VILMA Könnt ihr euren Liebeskrach vielleicht außerhalb meiner Reichweite abhandeln, bitte sehr?!

MAGDA Ich weiß nicht: mich kann er nicht gemeint haben. Ich kenne ihn weiter gar nicht.

AGATHE Ruhe! Ich will verdammt noch mal in Ruhe gelassen werden. Ich laß mich nicht verrückt machen von euch.

MAGDA Ich bin gar nicht schuld, Vilma. Es war nicht mein Vater.

VILMA Dann war's irgendein anderer von deiner Sippe. Sorg endlich dafür, daß ich in Ruhe gelassen werde.

MAGDA Ich sage nur, ich dachte, es wär mein Vater. War's aber nicht. Ich habe nichts mit dem Brüllaffen zu tun. Ich kann nichts dafür. Nicht daß ich wüßte. Ich denke immer, die meiste Zeit über denke ich: wie es ist, plötzlich, aus heiterem Himmel, mitten auf der Straße geohrfeigt zu werden. Sei es, indem mich jemand verwechselt. Sei es, indem mich jemand erkennt. Dieser kurze heftige Blick. Dieser kurze heftige Schlag. Dieser aus dem Blick gehauene Kopf. Diese Sekunde voller Ohnmacht.
Merkt sie denn nicht, daß der Faden immer wieder abreißt? Die Antwort, die ich gebe, paßt nur ungefähr zur Frage, die sie stellt. So etwa im Raster geblieben. Bei aller Unschärfe in etwa geantwortet. Vor jeder Antwort tauch ich aus der Ohnmacht auf. Dröhnende Stille. Bevor ich etwas von mir gebe. Bevor's mich wieder gibt. Bemerkt nicht meine Untergänge. Schnelles Schwarz. Noch mal.

Dunkel

Der Kuß des Vergessens

Vivarium rot

Personenverzeichnis

Ricarda (1)
Herr Jelke (A)
Annkattrin Jelke (2)
Lukas Rostlob (B)

Sieben Randfiguren

männlich: C D E
weiblich: 3 4 5
Wechsler: FM6

Ein Lichtspiel

Begegnen sich im Ozean zwei einsame Wellen, so durchdringen sie einander, ohne sich gegenseitig zu stören. Nur im Augenblick ihres Zusammenstoßes verformen sie sich und finden danach wieder zu ihrer ursprünglichen Form, als hätten sie sich nie gesehen und die Begegnung vollkommen vergessen. Solche Wellen heißen Solitonen; es sind Wellen »ohne Gedächtnis.«

Es mögen alle elf sein, Männer und Frauen, die sich nach dem Kino in einem Mansardenzimmer versammelt haben und, überwältigt von einem neuen Film, auf und ab gehen, jeder für sich in bestimmten Feldlinien, aneinander vorbeistreben, in sprunghaftem Wechsel aufeinander einreden, Meinungen und Eindrücke in die Luft rufen, die sich oft nur einer inneren Bewegung, einem zufälligen Sichlösen der Zunge verdanken.
Man sieht eine Frau, die in ein Kissen immer wieder die gleiche Kerbe schlägt. Man sieht einen Mann, der einen leer gegessenen Teller immer wieder abkratzt. Einen anderen, der ein Buch, in dem sein Zeigefinger steckt, immer wieder mit dem Rücken in die linke Handfläche stößt. Einen nächsten, der immer wieder den Kühlschrank aufreißt, obgleich er beim ersten Mal schon sehen konnte, daß er leer ist … etc. Und alle suchen nach dem einen treffenden Wort, um ihrer hohen Meinung über den Film Ausdruck zu verleihen.
Das Ganze in Farbe, in dunstigem Rotblau. Menschen, Raum und Dinge Ton in Ton.

– Es ist so: man darf sagen ... hier und heute ... beginnt ein neues Kapitel, für *uns* ein neues Kapitel der Filmgeschichte.

– Dieser Film ist unser Film. Segatti ist einer von uns. Diesen Film hätten wir machen müssen! Hätten wir nur die Idee, hätten wir nur Kraft genug gehabt, diesen Film zu machen ...

– Die Melancholie und die Ausdauer, die Rücksichtslosigkeit und die Einsamkeit.

– Diesen *Sinn* für das Neue, der wie ein Blitzschlag, wie ein Wunder auf uns niederging!

– Man kann sagen: ein Ort – ein *Ort!* – erhebt sich aus dem Spülicht der Ortlosigkeit ...

– Noch nie fühlte ich mich durch ein Kunstwerk in eine solche Aufbruchstimmung versetzt!

– Auf einmal hörst du sie wieder, die Sirenen der Moderne, die Chöre der Schönheit ...

– Ja – ja – ja. Es muß doch, Ricarda, das siehst du ein, es muß doch auch dieser elenden Epoche der Herzverfettung irgendwann ein Ende gesetzt werden – und zwar ein gewaltsames! Die Menschen schnappen immer nervöser nach Luft, sie rennen immer zielloser durcheinander: weil nichts Neues kommt!

– Am Himmel ist der Komet zersprungen, Gasfeuerwolken so groß wie die Erde stieben aus dem Gürtel des Jupiter. Die Astronomen erbleichen vor Ehrfurcht: »Dafür ist man Wissenschaftler geworden«, sagen sie, »um dies einmal erleben zu dürfen!« Und ich sage: dafür hat man bis zum Jahrtausendende ausgehalten, darum bin ich Zeitgenosse geworden, um diesen Film noch erleben zu dürfen!

– Hunderte! Hunderte! Unzählige Filme haben wir gesehen seit damals – seit dem »Schweigen«, seit unserer Kindheit ... und jetzt noch einmal dieser Film, der alles sagt, alles enthält, wovon wir auf der Grundlage der tausend Filme, die wir in unserem Leben sahen, immer geträumt, immer geredet haben, alles, was wir zu sehen uns innigst gewünscht haben, in diesem einen Film, Bilder wie ein Metopenband, ein Fries, Träume ...

– Gesichter!

– Zu denen wir ein Leben lang hin gelebt haben ...

– Seit »Barry Lyndon«.

– Seit »Letztes Jahr in Marienbad«.

– Seit »La Notte«.

– Seit »Rashomon«.
etc. ad libitum

Über ein wahres Kunstwerk zu sprechen fällt niemandem leicht. Wenn aber seine Wirkung derart besitzergreifend ausfällt, daß elf Menschen sich gezwungen sehen, ein schäbiges Zimmer nicht zu verlassen, bevor sie mit Worten, mit kostbaren Definitionen ihm wenigstens annähernd entsprechen, dann ist bald die Stufe einer erbitterten Begeisterung erreicht, die kein Geplauder, kein Genießen und Schwärmen mehr gestattet. Ein Teil der Schar ging auf dem zerschlissenen Chinateppich hin und her, manchmal warf sich einer auf seinen Sessel oder Stuhl zurück, als habe er endgültig verstanden und zu verstehen aufgegeben in ein und demselben Augenblick. Oder es stemmte sich jemand mit ausgestreckten Armen gegen die alte Kommode, als müsse er einen Felsbrocken von seinem Verstand schieben. Wieder andere standen, die Hände tief in den Hosentaschen, an beiden Fenstern der

Mansarde, die auf die Straße gingen. Sie bedurften des Anblicks von Fahrzeugen und Passanten, von Beweglichem, um ihre Gedanken anzuspornen. Am auffälligsten benahm sich eine junge Frau mit Stöckelschuhen (4) und langem Bein. Um irgend etwas vorbringen zu können, eine Meinung oder einen Einspruch, schritt sie, immer im Banne des Gesprächs, quer durch das enge Zimmer und ergriff den Hörer eines Telefons, als müsse sie einen dringenden Anruf tätigen. Augenblicklich gerieten die übrigen in erhöhte Erregung, und die dabei erreichten Definitionen wurden lauter und verfolgten die Langbeinige mit anschwellendem Protest. Eine Art »Wehe!« mahnte sie aus aller Mund. Jedesmal ließ sie dann von ihrem Streben und legte den Hörer wieder auf, ohne gewählt zu haben. Sie kehrte zu ihrem Sitz zurück und sagte dann in der Regel etwas sehr Vernünftiges, auf eine entspannte Weise, so daß auch alle anderen für eine kurze Weile gelöst durcheinanderredeten.

– Es gibt den Moment, da ich sage: es genügt. Es ist genug.

– Von nun an wird die Filmgeschichte wieder einen neuen Glauben an die Macht des Films besitzen.

– Ein Italiener, ein Italiener! Ausgerechnet ein italienischer Regisseur – ein gelassener, ein katholischer, ein sinnlicher Mensch.

– Ich bedaure, daß ich nun, gleichsam abrupt, in die Lage versetzt wurde, die Grundstimmung meines Wesens aufzugeben. Ich bedaure es, es wäre mir sehr viel leichter gefallen, die Erbschaft des Nihilismus durch eigene Lebenserfahrung zu kräftigen und fortzuführen!

– Nur der große Künstler, nur ein Segatti, konnte uns aus dieser stickigen Enge herausführen, den neuen Weg weisen – ohne der Gefahr zu erliegen, eine kitschige Zukunftsmusik zu spielen …

– Es ist etwas vorbei. Das sehe, höre, rieche ich jeden Tag. Beinahe jede Stunde. Irgendein Argument ist verbraucht. Der Blick ist von gestern. So spricht man nicht mehr. So spricht niemand mehr, der etwas zu sagen hat.

– Und dann, wie der Blitz, auf einmal schlägt dieser neue Ton ein.

– Diese Kraft!

– Alles wieder offen. Groß. Weit. Herrlich. Ich habe das Gefühl, jahrelang in einer Besenkammer gelebt zu haben. Und jetzt kann ich mich wieder bewegen, tanzen und Helligkeit trinken ...

– Dieser Film ist ein aufgerissenes Fenster.
Endlich können wir wieder frei atmen.

– Denkt an den kleinen Jungen, der friedlich spielt mitten auf der Fahrbahn, mitten im Feierabendverkehr, stop and go ...

– Den Straßenkehrer, dem die Spatzen aus den Hosenbeinen fliegen!

– Eine alte Frau in weißer Kutte und mit schwarzem Kopftuch, das im Rücken bis auf die Erde reicht, geht langsam, schlurfend auf der Straße. Hinter ihr staut sich der Durchgangsverkehr. Doch niemand wagt zu hupen, ganz still und gehorsam schleicht die Autoschlange hinter dieser Letzten und wenn sie sich umdreht, sehen wir ihr Gesicht aus Tuch und Tuchfalten.

– Denkt an das streitende Liebespaar, das sich zwischen den Autos, stop and go, ohrfeigt!

– Solange ich den Film sah, dachte ich: Ich lebe. Ich lebe ja. Himmel, ich lebe! Jetzt, wo ich ihn nicht mehr sehe, bin ich in diesen trüben roten Behälter zurückgekehrt. Als wär's nicht mein Leben, als wär's bloß ein Vivarium.

HERR JELKE Es ist – es ist –
RICARDA Wie würdest du es nennen? Was ist es genau?
HERR JELKE Es ist noch einmal die Sprache Dostojewskis. Es ist noch einmal das Licht Rembrandts.
RICARDA Noch genauer! Sag es mir noch ein wenig genauer!
HERR JELKE Es ist die Gewißheit, daß es Gut und Böse gibt – die jedoch wie Tag und Nacht in manchen Stunden unmerklich ineinander fließen! ... Überhaupt das Licht. Die Menschen im Film erscheinen alle Ton in Ton, kaum unterscheidbar.
RICARDA Wie schön. Wie schön du es aussprichst. Sieh mich an.
(FM6) – Und ich dachte ... ich dachte: Der Boden tut sich unter mir auf!
HERR JELKE Ich ringe um Bewußtsein, und du verlangst, daß ich dir tief in die Augen sehe?
(5) *zu D* Sie, fremder Mann, und ich, man hat uns beide in dies enge Leben eingepfercht, ins Vivarium gesperrt, um gewisse Studien mit uns zu treiben unter der Sonne.
RICARDA Du sollst mich nur einmal ansehen.
(5) Kein Schritt, keine Lüge, keine Träne, kein Trost, keine Ekstase, kein Atemzug, die nicht von fern und anderswo ausgewertet würden unter der Sonne. Die nicht irgendeinem ferneren Ziel der Erkenntnis dienten.
(2) Wie sagt Nina im Film: Soll ich nach meinem unbekannten Vater suchen, soll ich nicht nach ihm suchen?
(5) Wir haben den Status von Versuchskaninchen unter der Sonne, das merken auch Sie, mein Unbekannter.
(2) Das Leben geht rum, sagt Nina, und ich habe die wichtigste Frage meines Lebens immer noch nicht beantwortet.
Aber mein leiblicher Vater, wer wird das schon sein? Ein glatzköpfiger Geschäftsmann in São Paulo. Bestenfalls.
(3) Weißt du, alles beginnt mit dem kläglichen Satz, der sonst am Ende einer traurigen Liebesgeschichte steht: »Gib mir noch

eine Chance.« Damit beginnt die unbegreiflichste Liebesgeschichte der Welt. Daß nämlich Antonio der armen Nina tatsächlich diese Chance gibt.

(C) Er sieht bisweilen aus wie ein Reicher, der sich tatsächlich durch ein Nadelöhr zwängt.

(E) Tatsächlich noch einmal –

(D) Was wir sehen, ist: die Liebes g e s c h i c h t e beginnt nach der Liebe.

(5) Aber was für eine!

Plötzliches Dunkel

Der Kuß

Rückwand mit Tür und Stuhlreihe. Warteraum wie im Einwohnermeldeamt. Streifenrolle und Nummeranzeige. Ein, zwei Personen gehen oder kommen. Etwa fünf Männer und Frauen sitzen auf den Stühlen.
Ricarda im Jogginganzug betritt den Warteraum und setzt sich neben den ersten Mann der Reihe, Herrn Jelke.

RICARDA Kann ich hier singen? Ich muß vor Fremden singen. Ich habe eine Wette verloren.
HERR JELKE Ja. Singen Sie. Ich singe nicht.
RICARDA Es wird ziemlich scheußlich. Ich mache ein paar Verrenkungen dazu. Ich muß mich erst ein bißchen bewegen hier. Stört Sie das?
HERR JELKE Ich weiß nicht, was Sie vorhaben?
RICARDA Ich stelle mich zum Beispiel auf den Stuhl und tanze, barfuß. Vielleicht laß ich das Sweatshirt fallen. Sie dürfen nicht glauben, es macht mir nichts aus. Ich geniere mich erbärmlich. Ich würde vor Verlegenheit lieber unter den Sitz kriechen. Nur damit Sie nicht denken, ich mache das aus purem Vergnügen. Ich sei eine, die keine Hemmungen kennt, ganz im Gegenteil, es ist mir furchtbar peinlich, und ich mache mir bestimmt noch in die Hose vor Angst. Aber ich hab eine Wette verloren, ich muß.

Rufe hinter der Bühne. »Ricarda – topp! Ricarda- topp! Huij! Wir wollen unsere Ricke hören, huij! ... Ricke, Ricke, Ricke, huij.« Sie singt eine Popversion von »Ave Maria« ...

RICARDA Und jetzt muß ich Ihnen noch einen Kuß geben ... *Sie küßt Herrn Jelke. Lichtwechsel.*
ANNKATTRIN Dieser Mann, von nahem, von weitem, blieb fürs

ganze Leben ihr Herr Jelke. Ob sie ihn küßte oder beschimpfte, betrog oder umsorgte, immer Herr Jelke, eine Zufallsbekanntschaft.

RICARDA Da haben bloß die Kulissen gewechselt in unserem Rücken: Brände und kalte Mauern, Abfallberge, Huren und Rebellen, neue Geschwindigkeiten, neue Krankheiten, zerfallende Reiche, Gärten und Nächte und eine wahre Sintflut von Bildern ... und wir beide gehen immer noch miteinander und fragen uns, was vorgefallen ist, wir nämlich, das Paar, ein Vierfüßer. Der menschliche Vierfuß ist auf Erden das höchstentwickelte Lebewesen.

HERR JELKE Irgend etwas war an dieser Person, irgend etwas an ihrer Gestalt vermochte, daß ich von Zeit zu Zeit das Gedächtnis für sie verlor. Während ich neben ihr schritt, während sie mich umgab und wir zusammenwaren, erkannte ich sie plötzlich nicht mehr. Mit einem einzigen Kuß war sie wieder die Unbekannte.

RICARDA Wo warst du, als meine Mutter starb? Wo bist du gewesen, als ich mein Kind nicht zur Welt brachte? Ich hatte nichts zu sagen, als nach dir zu rufen.

ANNKATTRIN Du hast keine Geschichte. Du hast einen Leib, du bist da. Such deinen Weg. Steh auf. Zwei Schritte vor. Handrücken auf die Stirn.

RICARDA Ich könnte nicht sagen, was war. Vielleicht könnte er sagen, daß ich *bin*, was war.

HERR JELKE Mal sind die Jahre vergangen, mal sind sie wieder da. Keine Geschichte, nur Elemente vom Ganzen, die hin- und herspringen.

ANNKATTRIN Sein Sternforschen ist ihr noch lebhaft in Erinnerung, und eigentlich bis heute, bis zum Anblick seiner letzten Fotos will es ihr nicht in den Kopf, weshalb ein solches Entdecker-Talent die Welt der Astronomie am Ende doch nicht erobern konnte. Seinen Platz unter den Besten auf Dauer doch nicht behaupten konnte. Genauso unvorstellbar aber, daß sie diesen ausgemergelten Schädel, dieses gebrechliche Wesen aus

Haut und Knochen umarmt und geküßt hatte ... daß sie den Namen dieses Schwundgreises geflüstert und gejubelt, ausgestoßen und ausgespien, gelallt und geflucht, abgekürzt und verdreht, schließlich fassungslos gefragt und geschluchzt und dann für immer verschwiegen hatte.

HERR JELKE Würde es Ihnen etwas ausmachen, die Illustrierte weniger hastig, weniger blätterknallend, weniger verächtlich umzuschlagen? Fünfzehn Illustrierte tragen Sie bei sich. Sie schlagen um, als könnten Sie nicht lesen. Reklameseiten reißen Sie ratschend heraus!

RICARDA Mit Mode, sagte ich, mit Mode hätte ich etwas zu tun. Mit Mode! Keramikplatten suchte ich aus damals!

ANNKATTRIN Sag doch mal wieder: »Mein Mann hat soviel um die Ohren jetzt.«

RICARDA Mein Mann hat soviel um die Ohren jetzt.

Lichtwechsel. Alle Randfiguren ab. Ricarda vorgerückt allein auf einem Stuhl. Annkattrin im Hintergrund. Herr Jelke steht mit der Videokamera in einiger Entfernung und filmt Ricarda auf ihrem Stuhl.

RICARDA Also wir befinden uns hier vor der Terrasse unseres Ferienbungalows. Es ist der Bungalow Nr. 15.

ANNKATTRIN Nummer 21.

RICARDA Nummer 21, sagt Annkattrin. Und Herr Jelke filmt mich, jetzt um 15.25 Ortszeit. Réunion. Es ist sehr schwül. Feuchtwarm. Ich glaube, ich mach mich ein bißchen frei. Ich schwöre, es wird trotzdem kein Porno, der Film. Annkattrin stöhnt über den Quatsch, den ich erzähle. Sie ist ein alter Miesnickel. Wir sind im Urlaub. Endlich! Zu Weihnachten frisch verliebt auf Réunion! Um 11 Uhr Ortszeit sind wir auf der Insel gelandet. Wir haben eine Menge Probleme zu Hause gelassen. Was meinst du, Herr Jelke? Im Grunde genommen sind wir sehr müde. Die Luft ist sehr feucht. Die Menschen sind hier sehr häßlich. Annkattrin sagt, es liefen viel zu viele

Prolos herum. Sie meint: brutale Gesichter. Vor allem von Polizisten.

ANNKATTRIN Sag mal: »Mein Mann hat soviel um die Ohren jetzt.«

RICARDA Er hatte immer gut zu tun.

ANNKATTRIN »Er hat soviel um die Ohren jetzt!«

RICARDA Er hat soviel um die Ohren jetzt.

HERR JELKE Steh auf. Stell dich vor den Stuhl. Andersrum. Die Arme auf die Lehne. Ja. Beine auseinander. Gut. Annkattrin, geh zu ihr. Untersuch sie. Tu, als würdest du sie nach einer versteckten Waffe abtasten.

ANNKATTRIN Es stört dich nicht, wenn ich dich berühre? Hast du Angst, ich könnte zudringlich werden? Oder würdest du es zulassen?

HERR JELKE Warum hältst du den Kopf gesenkt?

RICARDA Ich habe den Kopf gesenkt? Weißt du eigentlich, was du mich fragst?

Sie bricht die Situation ab, und alle drei begeben sich zu ihren Stühlen.

ANNKATTRIN Sie wippte nervös mit der Fußspitze gegen mein Hosenbein, ohne es zu bemerken, im Eifer des Gefechts. Sie konzentrierte sich ganz auf mich und bedachte meinen Mann mit kurzen Seitenhieben. Sie bemängelte sein geringes Durchsetzungsvermögen. Sie griff ihm kurz an den Bizeps und sagte …

RICARDA Dieser Mann ist wie Trockenmilch –

ANNKATTRIN Sie ließ den bleichen Blick nicht von mir und würgte meinem Mann eins rein, und der ertrug's mit verkniffenem Grinsen, weil's ihn amüsierte, daß ich prompt zusammenzuckte, als sie sagte …

RICARDA Dieser Mann ist wie Trockenmilch. Man muß erst kräftig was draufschütten, damit er genießbar wird.

ANNKATTRIN Ich dachte, du dürres Gespenst. Warum antworte ich nicht für ihn, meinen Mann, auch wenn ich mir dann seiner Freundschaft nicht mehr sicher wäre. Warum sage ich nicht:

»Und du bist viel zu klein, viel zu blaßhäutig für ihn! In deinen billigen buntgestreiften Röhrenhosen!«

HERR JELKE Das haben wir gottlob alles hinter uns.

RICARDA Ich habe dich hinter mir. Gott sei Dank.

ANNKATTRIN Sie liebten sich und sie liebten sich nicht. Sie wollten sich und wollten sich nicht. Sie waren wie Berg und Tal, Frau und Mann, und blieben zusammen, unzertrennlich und unvereinbar.

RICARDA Zu Weihnachten frisch verliebt auf Réunion …
Als er mich ansah, mir schien, ich war noch ein Kind, und seitdem ist mir, als müßte ich langsam, ganz langsam verbluten … Mein ganzes Leben war wie ein abrupter Zwischenfall. Fast wie eine Vergewaltigung, dieses ganze abrupt erlebte Leben … Wenn ich sein Auge, sein kaltes liebendes Auge einmal nicht mehr fühle, wenn ich das verliere: daß er mich sieht und sieht, wer ich bin …

Große Fluchende

Ricarda, wild vor Enttäuschung, will sich auf Herrn Jelke stürzen, wird aber von einem Zweiten Mann (D) hinter ihr gewaltsam festgehalten, der ihre Arme auf dem Rücken umklammert.

RICARDA Du dreckiger kleiner Mensch! Dir trete ich das Hirn aus dem Schädel! Was hast du getan, du elender Schleicher! Du Miststück, was hast du getan?

HERR JELKE Ich habe dir bewiesen, daß du dich täuschen läßt. Jenen Mann in deinem Rücken hast du drei Nächte lang umarmt, ihn –

RICARDA Schwein!

HERR JELKE Ihn, den ich an meine Stelle ließ, um –

RICARDA Unters Bett gesteckt, das Vieh, im Schlaf mir untergeschoben!

HERR JELKE Deine Leidenschaft, mein Kind, ist blind. Sie empfängt jeden, der an meiner Statt neben dir atmet. Ich habe recht behalten.

RICARDA Du gottverdammtes Aas! Du Sabberlippe. Du Nichts. Ein solches Schwein wie du hat niemals recht. Auch wenn du mir erklärst, daß sich die Erde um die Sonne dreht, hast du unrecht … Nur deinetwegen blind. Dir blind gefolgt. Dir blind vertraut. Blind treu blind treu. Du ich du ich. Du schiebst mir den Kanister mit Gedärm da unter *stößt mit dem Kopf nach hinten* diesen schwitzenden Eitersack, und behauptest, ich könnte euch nicht unterscheiden, du Wanze! Verräter! Jetzt seh ich dich nun wirklich nicht, du Schleimpopel … Laß mich los! Hör auf, mir weh zu tun! Laß mich los! Laß mich endlich ran, ran an dieses Insekt, laß mich spucken, laß mich, bitte, zwei Schritte näher an ihn ran. Ich bitte … *Sie senkt einen Augenblick erschöpft den Kopf, entspannt die Glieder, um kurz darauf wieder aufzufahren, mit den Füßen auf den*

Boden zu trampeln. Ich muß ihm einmal wenigstens in die Visage spucken! Laß mich vor, laß mich spucken, du Bastard, du untergeschobener Kotzkübel. Laß mich ihn bespucken, nur einmal, ich bitte dich, spucken, spucken ...

HERR JELKE Es war nur ein Experiment. Man muß hin und wieder etwas herausfinden.

RICARDA Bin ich ein Labor? Ist mein Körper dein Versuchskaninchen?

Was für ein kranker Hund hat mich besprungen?! Du, der nicht mal weiß, wer diese Dogge ist in meinem Rücken? *Sie schmiegt rückwärts ihren Kopf an die Brust des Mannes, der sie umklammert hält.* Diese Kreatur da, dieser Gnom da vor uns, das war einmal mein Herr. Mein Stern. Er konnte mich mit dem Finger in die Hölle locken. Mit der Stimme in den Himmel schicken. Er konnte alles von mir bekommen. *Sie tritt plötzlich dem Hintermann heftig auf den Fuß und will sich vorwärts stürzen; zu Herrn Jelke* Du Arsch du! Ich hasse dich!

HERR JELKE Halt's Maul! Es reicht. Dich hat wohl die Drude gedrückt?

Weiß du überhaupt, was hier mit uns geschieht? Du spielst dich auf, du geiferst Gift und Galle und ahnst nicht mal, worum es geht, du dämliche Brüllziege. Alles in Ordnung, verstehst du!? Es ist alles in seiner verdammt besten Ordnung. Vollkommen erstklassig, was passiert ist. Und wenn du das online nicht in dein Spatzenhirn bringst, dann erklär ich's dir auf der Schultafel: du tust mir leid. Ja. Dreimal läßt du den Mann über dich und merkst nicht, daß es ein anderer ist als ich. Das spricht doch Bände. Unfaßbar ist es. Für mich das Höchste überhaupt. Und du stellst dich hin und fluchst es nieder. Das Wunder. Mit deiner jämmerlichen Dummheit. Was wir herausgefunden haben, das heißt doch klipp und klar: es gibt nur mich. Für dich gibt's mich und keinen anderen. Jeder andere bin ich. Für dich. Das muß man erst mal an sich ranlassen. Das ist doch kein alltäglicher Befund. Ein Wahnsinn. Ein ungeheurer Liebesbeweis ... für mich. Und das Widerwärtigste an dir: ich bin gerade erst dabei, es langsam zu buchstabieren, was das für mich bedeutet, und du kapierst nichts, du keifst. Du brüllst und spuckst und machst es nieder. Dabei müßtest du dir sagen: unfaßlich. Pfingsten. Einfach wunderbar. Laß uns bloß nicht weiter drüber sprechen: es ist zu groß, es ist unfaßlich.

Sie lösen sich aus ihren Stellungen, gehen zurück zu den Stühlen im Hintergrund.

Der Zweite Mann (D) ab.

RICARDA Ich denke, sie ist eine junge Frau, die von einem unbezähmbaren Groll gepackt wird. Sie kann sich nicht beruhigen, sie ist vollkommen außer sich. Sie kocht vor Scham und Wut. Es gibt das Verderben, es hat ein Gesicht, es ist erkennbar für jedermann, sagt sie. Es gibt das Böse: du bist es, Herr Jelke.

HERR JELKE Es ist noch nicht ausgestanden, Ricarda.
Es war nur die Nagelprobe. Eine Nagelprobe.
Wir müssen irgendwie miteinander auskommen.

RICARDA Weshalb?

HERR JELKE Die Frage kommt zu spät.

Sie setzen sich. Herr Jelke nimmt eine zusammengerollte Zeitung und tippt damit auf sein Knie. Sie nimmt ihre Milchtüte mit Strohhalm, trinkt sie aus und steckt sie in einen Abfallkorb, der überfüllt ist mit leeren Milchtüten.

RICARDA Es kann sein, ich höre nicht richtig.
Wahrscheinlich habe ich etwas anderes im Ohr.
Mir scheint, alles klingt nicht so, wie es klingen sollte.
Sie spielen nicht die Noten falsch, Herr Jelke. Sie spielen, als hätten Sie die Musik an sich vergessen. Als verstünden Sie nichts mehr von dem, was Sie da spielen. Kann es sein, daß Sie, ohne auch nur zu ahnen, was Sie sagen, einfach drauflos sprechen?
Ist Ihnen etwas geraubt worden?

HERR JELKE Ist das ein Verhör?

RICARDA Nein. Ist kein Verhör. Ich stelle Ihnen Fragen.

Hatten Sie jemals in Ihrem Leben das Gefühl, daß sich jemand ernsthafter mit Ihnen beschäftigt, als ich das tue? Es ist im Grunde ein unwürdiges Erlebnis für mich, Ihnen Fragen zu stellen. Ich tue mein Bestes. Ich bemühe mich, so gut es geht. Ich frage Sie. Was tun Sie?

HERR JELKE Sie sind sehr herablassend. Sie sind schnöde und eingebildet. Sie wollen gar keine Antwort von mir.

RICARDA Ich versuche Sie dazu zu bringen, m i r nicht dasselbe zu sagen, was Sie Dutzend anderen auch schon gesagt haben.

HERR JELKE Meine Philosophie –

RICARDA Philosophie? Welche? Welche Schule, welche Lehrer?

HERR JELKE Sie unterbrechen mich. Das ist kein vernünftiges Gespräch.

RICARDA Es wird nie ein vernünftiges Gespräch zwischen Ihnen und mir geben. Ich stöbere in Ihnen herum wie in der Illustrierten beim Friseur. Mein Gott, wie wenig Eindruck haben Sie auf mich gemacht! Und wie groß war Ihr Irrtum, Sie hätten es gleichwohl getan! Und wie lange haben Sie ihn durchgehalten! Wie macht man das: sich so standhaft zu irren? Sie müssen doch irgendwann bemerkt haben: das bin nicht ich, der da spricht ... da läuft mir was aus dem Ruder, da läuft jetzt was schief ... Das merkt man doch bei der Arbeit. So ein hilfloses Herumstehen mit dem ganzen Leib ist mir wahrhaftig seit langem nicht begegnet. Vor allem: was machen Sie immerzu mit Ihrer rechten Hand? *Sie macht es nach: er klappt sie im Gelenk hin und her, als kehre er etwas aus der Luft.*

HERR JELKE Die Hand gibt der Welt die Zeichen. Damit habe ich mich lange beschäftigt. Die Hand formt, die Hand begreift, sie gibt den Wink. Die Zeichen sind schwächer geworden, seitdem die Hand bei der Arbeit nichts mehr begreift.

RICARDA Die Hand selbst begreift gar nichts.

HERR JELKE Sie wollen nicht begreifen, worauf es ankommt. Dies ist eine Hand –

RICARDA Wenn Sie Musiker wären, Pianist, das ist Handarbeit. Daran hat sich seit einem Jahrhundert nichts geändert.

HERR JELKE Dazu später.
RICARDA Ich meine nur.
HERR JELKE Dies ist eine Hand –
RICARDA Das ist mir vollkommen Wurscht! Sie haben mit der Hand herumgefuchtelt, das stört mich.
HERR JELKE Ich habe keineswegs –
RICARDA Doch. Haben Sie.
HERR JELKE Sie lassen mich nicht ausreden.
RICARDA Das hör ich jetzt zum hundertsten Mal. Ich rede nur so lange dazwischen, bis Sie mich trotzdem überzeugt haben. Sie müssen Ihre Gedanken so fassen, daß sie auch dann noch Hand und Fuß haben, wenn jemand dazwischenredet. Das ist die Nagelprobe auf Ihre Gedanken. Eine Nagelprobe. Wenn Sie in dem Augenblick, in dem Sie sich verliebt haben, noch dasselbe denken wie vorher, wenn Sie das tun und vielleicht drunterweg noch denken: ach, das läßt sich ja hübsch an, wie angenehm, ich bin verliebt und halte trotzdem an meinen guten alten Gedanken fest, komme, was da wolle, dann ist das schäbig, dann ist das Schlamm, dann ist das ist abscheulich.
HERR JELKE Es wundert mich überhaupt nicht, daß Sie mit solch verengten Empfindungen nichts Wichtiges an mir bemerken. Ich sage Ihnen: die Hand – was ich da mit der Hand mache, ist bis jetzt das Beste, was Sie an mir bemerken können.
RICARDA Nur daß ich nicht ganz allein dastehe mit meinem Abscheu.
HERR JELKE Sie sind nie und nirgends auf der Welt je allein dagestanden. Sie sind immer die Idealverkörperung der Durchschnittsmeinung gewesen. Sie sind die Mehrzahl in einer Person!
RICARDA Ach, wo sind Ihre leisen Töne geblieben, Meister?
HERR JELKE Ich weiß nicht mehr, was ich mit Ihnen anfangen soll. Ich hatte mir, offen gestanden, mehr erwartet.
RICARDA Was soll das heißen? Was ist das für ein Satz? Was denn? Mein Gott: was denn noch?
Sie nimmt seine Hand, steht auf.

Da haben bloß die Kulissen gewechselt in unserem Rücken: Brände und kalte Mauern, Abfallberge, Huren und Rebellen, neue Geschwindigkeiten, neue Krankheiten, zerfallende Reiche, Gärten und Nächte und eine wahre Sintflut von Bildern ... und wir beide gehen immer noch miteinander und fragen uns, was vorgefallen ist, wir nämlich, das Paar, ein Vierfüßer. Der menschliche Vierfuß ist auf Erden das höchstentwickelte Lebewesen.

Schwarzes Geld

Ricarda und Herr Jelke stehen einander gegenüber.

HERR JELKE Zürich Ankunft 11.03. 11.27 Einstieg Straßenbahn am Limmatquai.
Du trugst das Geld bei dir, und wo genau?

RICARDA Im Brustbeutel.

HERR JELKE Um 11.27?

RICARDA Ging ich noch bei einem Juwelier vorbei. Ich dachte um 11.27 in der Sekunde: Warum tauscht Herr Jelke nicht sein Geld in teuren Schmuck? Der Mensch, ein Mann von circa vierzig Jahren, gutaussehend, dunkler Typ, ein Mann aus Südamerika –

HERR JELKE Ihr habt miteinander gesprochen. Was im einzelnen?

RICARDA Ich sagte: Wo geht's zum Kino Capitol?

HERR JELKE Kino Capitol? Du solltest geradewegs zur Merritbank.

RICARDA Ich hatte nach der Bank noch Zeit für eine Kinostunde. Ich wollte vorher sehen, was es gibt.

HERR JELKE Wo war das Geld zum Zeitpunkt, als du den Gedanken an das Kino faßtest?

RICARDA Das Geld, es ging mit mir und lag an meinen Brüsten. Es hing – etwa da. Der fremde Mann: Kino Capitoll. Isch kennen nicht. Akzent.

HERR JELKE Du?

RICARDA Nichts. »Danke«, vielleicht. Vielleicht auch nicht.

HERR JELKE Ihr steigt gemeinsam aus der Straßenbahn?

RICARDA Aus der Straßenbahn? Steigen w i r nicht aus ... ich steige, vielleicht er, ich seh ihn nicht, steigt auch.

HERR JELKE 12.08. Du bist noch immer nicht auf der Bank. Ich rufe Riebensichler an.

RICARDA 12.08 und eine halbe Minute. Ich sehe den Revolutionär nicht mehr.

HERR JELKE Den Revolutionär, wer das?

RICARDA Er. Chilene. Lange im Gefängnis unter Diktatur.

HERR JELKE Viel Gespräch. Der Dieb sank dem Brustbeutel entgegen.

RICARDA Er stahl nicht. Vermutlich war's ein zweiter Chilene hinter mir.

HERR JELKE Kein Revolutionär?

RICARDA Ich sah ihn nicht.

HERR JELKE Zu tief der Blick des vorderen Chilenen?

RICARDA Nicht unbedingt. Ich sah betont beiseite.
Ich halt mein Auge nicht gern hin.

HERR JELKE Du bist bekannt dafür, daß jeder Mensch, der dir begegnet, glauben muß, du seist gedanklich abgelenkt durch einen anderen.

RICARDA War ich auch.

HERR JELKE Durch wen?

RICARDA Dich. Dein schwarzes Geld, das ich nach Zürich bringe.

HERR JELKE Du hast in Basel einen Freund, der drogensüchtig ist. Du trafst ihn gegen 12.34 vor dem Kino Capitol. Die Bank, Herr Riebensichler, ging jetzt in die Mittagspause.

RICARDA Der hintere Chilene, ich bin diskret ... ob es nun wirklich einer war? ... bedrängt mich handgreiflich, ich bin diskret, er kam mir rückwärts ziemlich nah. Der vordere Chilene griff darauf ganz unvermittelt an mir vorbei und drängte ihn zurück. Ich, du weißt, perplex zwar, jedoch gewöhnt an Männerübergriffe, befinde mich nun plötzlich eingeklemmt zwischen zwei ringenden Chilenen. Von denen ich übrigens in diesem Augenblick vermute, daß ihnen selber Chile kein Begriff, da sie in Wirklichkeit Philippinen-Slums entstammen, ich täuschte mich! Die Griffe überhäufen sich! Um meinen Leib herum entsteht Gerangel, ich rieche Achselschweiß aus den erhobenen Armen, sie kämpfen nur zum Schein, ich weiß

– der hintere trennt mit einer ruhigen Linken den Lederriemen über meinem zweiten Wirbelknoten auf, die Rechte ringt und stößt, zum Schein, ich weiß, das ist doch alles, sobald man die Details benennt, sehr indiskret. Das Nähere, das Weitere und Allerletzte übergehe ich und sage nur: am Ende war das Geld geraubt. Chilenen, Filipinos, wer auch immer, zwei Männer abgesprochen, du kennst das ja. Nehmen mich in die Zwinge.

HERR JELKE 25 000 Mark auf offener Straße fortgerissen …

RICARDA 24 738 und 22 Pfennig. Die Notiz von dem Betrag bring ich zurück, sie interessiert nicht mehr.

HERR JELKE 25 000 Mark. Mein erstes schwarzes Geld. An dem ich hing, es rührte mich. Es war seit langem das mir liebst verdiente Geld. Du hattest einen Freund in Basel, der drogensüchtig war. Bist du überhaupt bis Zürich durchgefahren, Ankunft 11.03?

RICARDA In Basel vor achteinviertel Jahren gab es den Renzo. Wenn der noch lebt, erkundige dich, dann wär's ein größeres Wunder als der Zufall war, daß mir, einer Frau mit starkem Genick, der Brustbeutel abgeschnitten wurde.

HERR JELKE Es kann nicht sein, daß du im Zuge männlicher Bedrängung dir den Raub am ganzen Leib gefallen ließest, Zürich 12.08?

RICARDA Natürlich dachte ich, es geht ja zu wie bei speziellen Liebesdiensten. Nur andersrum, daß ich die beiden nicht geschickt bediene, wie ich früher konnte, sondern sie bedienen sich brutal bei mir. Ich verdiene dir das Geld zurück, und wenn ich scheuern geh in Lkw-Kabinen.

HERR JELKE So sprichst du nicht mit mir! Du vergißt wohl, wer du mittlerweile bist?!

RICARDA Dann verdiene ich es mit dir. Es häuft sich dann nur langsamer.

HERR JELKE Du hast auch nach dem Vollverlust durch Überfall dir nicht geschworen, mich endlich so zu lieben, daß ich nicht jedesmal dafür bezahlen muß?

RICARDA Nach allem was passierte, quäl nicht du mich noch. Es ist unmöglich. Im Märchen darf man auch nicht fragen, woher die Melusine kommt. Und mich nicht mehr zu bezahlen, das hieße mir vom Nabel abwärts einen kalten, schuppigen Fischschwanz anzuhexen. Grausam wär's für dich und mich.

HERR JELKE Ricarda: wo sind die 25 000 Mark geblieben?

RICARDA Ich habe alles versucht, um dir die Augen zu öffnen.

Die Namen

Die Elfer-Schar in einem offenen Raum, teils unruhig, teils saumselig. Es geht um nichts, als daß jeder auf den geeigneten Moment wartet, irgend jemand irgendeinem anderen vorzustellen.

HERR JELKE Annkattrin! Darf ich dir j e t z t - e n d l i c h Lukas Rostlob vorstellen, meinen liebsten Schulkameraden? –

ANNKATTRIN (2) Ah, Sie sind das …

LUKAS ROSTLOB (B) Sibylle? Wo steckst du? Sibylle! Frau Jelke ist hier, Frau Jelke!

SIBYLLE ROSTLOB (3) Ich wollte dir gerade Dr. Mauthner vorstellen, bei dem ich seit zwei Jahren in Behandlung bin. *Zu Annkattrin* Angenehm. Ich freue mich.

LUKAS ROSTLOB (B) Herr Dr. Mauthner, es freut mich, es ist mir wichtig!

DR. MAUTHNER (C) Ja? Na, meinetwegen.

ANNKATTRIN (2) Rolf, das hier ist Michael, du weißt –

ROLF (D) Michael?! Nein, wie schön! Es ist ein großes Vergnügen für mich!

MICHAEL (FM6) Ich denke, wir kennen uns.

ROLF (D) Ja, richtig. Jetzt, wo Sie es sagen –

Nathalie Mauthner (4) nimmt den jungen Mann (E), mit dem sie spricht, beim Arm und führt ihn zu Dr. Mauthner (C).

Gut. Dann komm. Komm! Tu l'as voulu, George Dandin … Dietmar – mein Mann, Dr. Mauthner.

DR. MAUTHNER (C) Ach? Sie sind das? Ich hatte jemand anderen im Visier.

ROLF (D) Frau Morgenbrot! Frau Morgenbrot, bitte sehr! … Ich wollte Sie doch bekannt gemacht haben mit unserer Neuerwerbung, Frau Morgenbrot – Annakatharina Jelke.

RICARDA Dietmar, kannst du mich bitte Herrn Jelke vorstellen?

DIETMAR (E) Wie sollte ich? Ich kenne ihn nicht.

FRAU MORGENBROT (5) Dietmar – Entschuldigung, der Nachname ist mir entfallen –

DIETMAR (E) Gotthard-Reck.

FRAU MORGENBROT (5) Dietmar Gotthard-Reck, und das ist Michael Störcker.

RICARDA Wer bitte kann mich Herrn Jelke vorstellen?

Schweigen.

Wer bitte kann mich Herrn Jelke vorstellen?

Schweigen.

Verdammt noch mal! Kann denn niemand diesem Menschen da sagen: wer ich bin ...?!

Die Worte

Bett. Herr Jelke und Ricarda beim Auskleiden.

HERR JELKE Denk nach: Atlantis, die Insel?
Warum weißt du nichts davon?

RICARDA Ich weiß nichts davon?
Da muß ich erst mal nachdenken.

HERR JELKE Das schöne weltberühmte Atlantis.
Du weißt nichts davon.

RICARDA Ich lag schon mal im Quiz weit vorn.
Ich kam sogar in die engere Auswahl.

HERR JELKE Ach? In die engere sogar?

RICARDA Ziemlich eng. Weit vorn. Nah dran.

HERR JELKE Weshalb kriegt man das Schönste von seiner Schönen nie zu sehen?
Daß sie den Fuß auf die Bettkante setzt. Daß sie einen durchsichtigen Strumpf über Knie und Wade abwärts streift.

RICARDA Für immer vorbei. Atlantis.

HERR JELKE Natürlich. Tja. Wie es geschrieben steht. Ihr aber in euren Strumpfhosen eritis sicut deus. *Äfft sie nach* »Was heißt denn das?«

RICARDA Wär's nicht besser, ich schnitte dir heut nacht die Kehle durch?

HERR JELKE Ich dachte, du hättest verstanden, was ich dir sagen wollte. *Er berührt sie.* Plantaverat autem Dominus Deus paradisum voluptatis a principio ... Denn Gott der Herr pflanzte im Anbeginn den Lustgarten.

RICARDA Was willst du? Hast du nicht eben gesagt, daß ich nichts lerne? Spiel nicht an mir herum.

HERR JELKE Du bist verwöhnt, faul, oberflächlich, geistlos und kaltherzig.
Ein Mensch, der nicht lachen kann. Ein Mensch, der keine

Doppeldeutigkeit versteht. Ich verbringe meine besten Jahre ohne Gelächter. Das schmerzt.

RICARDA Geh doch, Herr Jelke. Geh, such dir eine, mit der du heiter sein kannst. Mit der du das Lachen nicht verlernst.

HERR JELKE Es ist beinahe ein Fluch, daß ich deiner nicht überdrüssig werde.

RICARDA Du bist klein und du bist häßlich. Du bist ein verdammt kleiner Mensch, Herr Jelke.

HERR JELKE Du hörst mir nicht zu. Ich habe dir eine Liebeserklärung gemacht.

RICARDA Eine Liebeserklärung? Du sagst, es sei ein Fluch, daß du immer noch an mir herumspielen willst. Und immer noch Lust hast, je tiefer du mich beleidigen kannst.

HERR JELKE Nein, das ist es nicht. Ich brauche keine bösen Worte vorher. Ich benutze böse Worte, um dagegen anzukämpfen, daß ich dich immerzu brauche. Obwohl wir nicht zusammengehören, sondern einfach zusammensein müssen.

RICARDA Das stimmt nicht. Ich muß nicht mit dir sein.

HERR JELKE Widerspruch! Einwand! Immer dasselbe. Nie nimmst du ein Wort von mir und spielst damit.

RICARDA Wie Annkattrin das tut.

HERR JELKE Annkattrin kann das auch nicht. Diese kleine Sehnsucht nach ein bißchen Heiterkeit ... nach ein bißchen mühelosem Verstehen, ohne zu wissen, was ... Einmal leichte Worte!

RICARDA Laß uns nach einem Ausweg suchen.

HERR JELKE Es gibt nichts in deinem Verhalten, das nicht dumm, falsch und unwürdig wäre. Und doch stell ich dir nach wie einer Frau, die man nie erobert, nie bekommen hat.

RICARDA Was gibt's noch?
Warum zwingst du mich?
Was habe ich dir getan?
Wie halt ich das aus?
Was kommt da auf mich zu?
Wann gibst du auf?

Wie krank bist du?
Wann gehst du fort von hier?
Wie soll ich dich anreden?
Was kann ich dafür?
Was wird aus mir, was wirst du tun?
Warum so spät und war das alles?
Warum fragst du? Wie war das?!
Hast du den Verstand verloren?
Was meinst, was willst du?
Warum? Wer? Wann?
Wieso ich? Ich?
Ich? ... Ich?

Warum weinst du?
Weinst du?
Warum weinst du nicht?

Die Motte

Offene Bühne wie in »Die Namen«. Zwei Männer auf zwei Stühlen: Dr. Mauthner (C) fühlt Herrn Jelke den Puls.

HERR JELKE Sie sind maulfaul, immer noch so maulfaul. Sie arbeiten nicht an Ihrem Verhalten, Dr. Mauthner. Sie geben immer die gleiche Antwort: »Nehmen Sie ein gefäßerweiterndes Mittel.« Sie tragen eine dunkel getönte Brille. Ein Arzt, der sich nicht ausdrücken mag oder kann, der seinen Patienten nicht in die Augen blicken mag oder kann, ist doch kein Medizinmann, keine Autorität. Und trotzdem küssen Ihnen alte Leute, vor allem Rußlanddeutsche, manchmal die Hände, wenn Sie Ihren unvergleichlichen Rat erteilen: »Nehmen Sie ein gefäßerweiterndes Mittel.«

DR. MAUTHNER (C) Seit wann haben Sie die Schmerzen?

HERR JELKE Seit etwa zwei Jahren.

DR. MAUTHNER (C) Sind sie nachts stärker als am Tag?

HERR JELKE Ja, nachts, vor allem nachts. Ich finde keinen Schlaf.

DR. MAUTHNER (C) Haben Sie Schmerzen beim Wasserlassen?

HERR JELKE Nein. Ich habe Angst vor einer Operation.

DR. MAUTHNER (C) Ich kann Sie nicht untersuchen. Sie sehen nicht krank aus. Was soll ich sagen? Sie verstehen, es ist sehr schwierig, etwas Abschließendes zu sagen, ohne Praxis, ohne Labor. Nehmen Sie ein Schmerzmittel. Ein leichtes. Dolorsit. Es ist frei verkäuflich.

HERR JELKE Ich weiß, daß etwas da ist. Es ist in mir. Es hat Besitz ergriffen von mir.

DR. MAUTHNER (C) Wann hatten Sie Ihre letzte Untersuchung?

HERR JELKE Vor einem halben Jahr. Aber mein Arzt findet nie etwas.

DR. MAUTHNER (C) Ich würde gerne, wissen Sie, ich würde Ihnen gerne sagen, gehen Sie nach Hause, machen Sie sich keine

Sorgen. Aber ich müßte vorher alles ausgeschlossen haben, was möglicherweise auf einen Befund, auf einen Krankheitsbefund, Sie wissen schon. Ich kann Ihnen hier nicht helfen.

HERR JELKE Um die Wahrheit zu sagen: es ist mir nicht gelungen, eine Woche ohne Untersuchung auszuhalten.

DR. MAUTHNER (C) Ah, das ist also die Wahrheit ... Dann gestehe ich Ihnen jetzt, was mir fehlt. Die Liebe zum Leben, die große Passion, wie Sauerbruch oder Albert Schweitzer sie besaßen ... die Kraft, die zur einzigen Kraft des Lebens werden will, die Kraft der Barmherzigkeit. Sie fehlt mir als Arzt.

HERR JELKE Nun hören Sie mich! ...

DR. MAUTHNER (C) Nehmen Sie es mir nicht übel, aber ich muß noch etwas sagen ... Sehen Sie, es kommt an mir überall der Typus zum Vorschein! Der Typus quillt hervor an den Wangenknochen, an den Ellbogen, den Knien, sogar am Geschlecht ... Ich – man sagt doch: ich bin ein betrogener Ehemann. Aber was bildet sich in mir, was wuchert und drückt sich hervor? Der Typus, der uralte, nicht zu bändigende, überall durchdringende, alle Zeiten, geschichtliche Räume, Völker und Rassen durchdringende Typus des betrogenen, gehörnten, des einsamen Mannes. Ich bewege mich nicht mehr, wie ich mich bewegen möchte. Die Knie, so sehen Sie doch: typisch! ... Ich spreche nicht mehr, wie ich sprechen möchte. Sie haben zweifellos jedes Wort schon gehört, jede Silbe kommt Ihnen bekannt vor, denn es ist ja: der Typus, der spricht ... Ich denke noch, mit dem kleinen Rest, der mir als Individuum zum persönlichen Nachdenken verblieben ist, denke ich nach über den Typocid. Mord und Sturz dem Typ. Ich muß den Typus, der mich prägt und prägt und bald nichts mehr von mir übrigläßt, wenn ich nicht schnell laufe, renne, denn das ist dem Typus fremd: Rennen, Eilen etc. ... ich muß ihn zur Strecke bringen, um als Betrogener ich selbst zu sein, um wirklich leben, persönlich überleben zu können, und zwar so, wie ich es will und nicht mein Typus es mir auferlegt!

Herr Jelke Bleiben Sie! Jetzt ich. Einen Augenblick noch ... Es ist alles dabei zu verkommen. Vielleicht verkomme ich selbst zuerst und am raschesten. Die Briefe werden nicht mehr beantwortet, es fehlt mir die Energie. Einen Brief zu beantworten heißt einen Felsbrocken von der Tür schieben. Unter Kontakt stelle ich mir etwas abgründig Zweideutiges vor. Irgend etwas zwischen Gleitflüssigkeit und Seelenschmiere. Die Platte, Schubert, Trio op. 100, die ich vor einem halben Jahr hörte, liegt noch immer auf dem Plattenteller. Ja, Plattenteller. Ich habe noch einen alten Zehnplattenwechsler. Ich besitze keinen CD-Player. Ich kann mich nicht entschließen, einen CD-Player zu kaufen. Ich kann mich überhaupt nicht mehr zum Kaufen entschließen. Gegen das Kaufen von allem und jedem gibt es eine innere Sperre. Und die wird immer stärker, die Verriegelung. Was soll man machen: ich kann schließlich nicht zum Psychologen gehen, damit er mir das Kaufen wieder beibringt. Abgesehen davon, müßte ich auch den erst wieder kaufen, und das bringe ich eben nicht über mich. Den schon gar nicht. Dann schon eher ein halbes Pfund Butter. Aber ich esse meinen trockenen Zwieback. Ich habe seit eh und je große Mengen trockenen Zwieback im Haus gehabt. Die Getreidemotten, wie ich sie nenne, haben meine Bestände heimgesucht. Sie fliegen ein und aus in meinem Zwieback, und manchmal entwischen sie im letzten Moment aus meinem Mund. Ihre Eier esse ich gerne mit, sie lagern in den Poren des Zwiebacks. Ich verstehe, daß man lebt. Ich verstehe das Leben in gewissem Umfang. Es umgibt mich auch jetzt noch mehr Lebendiges als Totes, die Motten, die Würmer, die Bakterien, die ganze wunderbare Fauna der Zersetzung. Nur eines verstehe ich nicht: die Lebenszeit. Die Frist. Ich verstehe das nicht, aber ich hab's im Blut. Die Motte, der Wurm, die Schabe: keine Ahnung haben die von ihrer Frist. Ich habe das Gefühl, ich bin hier das einzige Lebewesen, das sich sagen muß: das war's nicht. Das war's nicht, was du dir unter dem Leben vorgestellt hast. Damals, als es recht vielversprechend begann. Mit acht, mit dreizehn und auch noch mit einundzwanzig. Jetzt siehst du, ohne daß es dich direkt angreift, jetzt spürst du: es nimmt ab, das gute Leben. Es hat nichts gebracht. Und das verstehe ich eben nicht, daß ein lebendiges Wesen eine solch unaussprechliche Lebensverminderung empfinden kann, daß es davon sogar eine zutreffende Empfindung, nicht eine, der es bloß aufsitzt, sondern eine rundum unbestreitbar richtige Empfindung besitzt. Die sind eben miteinander im Bunde: der Tod und das Todesgefühl und die Liebe zum Leben. Das bringen Sie mal einer Motte bei! Die würde Sie auslachen. Die hätte nicht das geringste Gespür für Ihre Nöte. Es ist Schluß, vorbei, aus ist's … Ich habe damit nichts zu tun, das ist typischer Menschenschwachsinn: das Ende noch nicht einmal zu spüren, letztlich nicht einmal daran zu glauben, und es dennoch zu fürchten, das Ende. Das ist euer Ende, und davon kommt alles, was euch das Leben sauer macht. Das macht alles in eurem Leben so tödlich vorläufig. Warum sollen wir die Motte nicht einmal ganz nach ihrer Überzeugung sprechen lassen? So eine Motte stirbt, aber das kümmert sie nicht bis zu dem Augenblick, da sie in den Todeskampf eintritt. Dann allerdings – wir werden uns ewig fragen: ob es nicht ein Endentsetzen gibt, selbst bei der primitivsten Kreatur, ein Entsetzen im Augenblick des Endes, an das sie nicht dachte, eben nie denken k o n n t e, und gerade deswegen kommt es, ein Entsetzen im allerletzten Augenblick, so unvergleichlich gewaltiger über das Tier als je über einen Menschen, der schon mal daran denken konnte, es wenigstens k o n n t e …

Die Hände

Stuhlreihe mit Ricarda im ärmellosen Kleid. Arme über den Kopf gehoben, Hände auf dem Scheitel verschränkt. Aus der Rückwand umfassen sie Hände. Die Hände eines jungen Mädchens halten ihr die Augen zu. Die Hände eines Mannes umfassen ihre Brüste. Die Hände einer Greisin liegen lose gefaltet in ihrem Schoß.

RICARDA Herr Jelke, Pförtner und Hobbyastronom, war der Glückliche, der zufällig vom Dach des Bankhauses, dessen Tür er bewachte und wo er mit Einverständnis der Geschäftsleitung ein extrem tüchtiges Teleskop hatte aufbauen dürfen, als erster einen unbekannten Pulsar, im Sternbild des Herkules entdeckte! Und danach nichts mehr. Er wurde auf die Dauer von Monaten in Monatszeitschriften berühmt. Aber er blieb der Entdecker des Pulsars, und der blieb oben am Himmel und hieß wie er. Ein Mann, der in den Himmel eingegangen ist, zieht die Frauen an, mag er auf Erden auch noch so wenig von sich hermachen. So kam ich als blutjunges Mädchen zu dem Pförtner. Ich wollte den Mann, der ein Stern ist (wenn es auch nur ein Pulsar war ...). Und der Stern hat uns beide verrückt nacheinander gemacht. Heute habe ich ihn gänzlich übernommen. Ich habe ihn ... ausgeschlürft ... Einmal, in der Nacht, hat er sich umgedreht und »Dasein ...« gemurmelt, andere Seite. Schon hatte ich ihn.

Sie spricht mit der Stimme des Mädchens.

Er sagte, er wolle nur das Abrutschen eines Trägers von meiner braunen Schulter sehen. Diese alte Sehnsucht nach der helleren, der weißen Haut der Brüste. Aber ich kam vom Meer, ein Mädchen mit Hund, und ich hatte nackt in der Sonne gelegen. Wie alle anderen.

Sie spricht mit der Stimme der Greisin.

Ist es schon zu spät für einen Tee? Ist es Tag, ist es Nacht? Ist es vorbei? Und wenn es ihn gibt? Luzifer? Der ewig murmelt, weil er Unendliches zählen muß. Die Tränen, die Seelen, die Sandkörner, die Keimzellen, die Lettern ...

Mit der Stimme des Mannes.

Samstagnacht. Die Milchstraße rast mit einer Geschwindigkeit von 600 Kilometern pro Sekunde relativ zum kosmischen Hintergrund auf einen 150 Millionen Lichtjahre entfernten Superhaufen von Galaxien, den Hydracentaurus zu ... Ich lüge, ich merke, wie's mich zur Lüge treibt ... Die Dinge, die Dingworte ... unaufhaltsam entziehn sie sich ... Wenn *ich* ein Ding nenne, so wird es zum Unding. Die Welt kreist aus mir heraus in immer engeren Drehungen ... wie der Fluß schneller strömt vor dem Katarakt, wie die Tage kürzer werden vor dem Jahresende, wie das spätere Leben zum Tode hin zu fliehen scheint, wie die Mücke wirbelt im abfließenden Spülwasser, so drehen sich die Wörter immer schneller im Sog des Jahrtausend- Ausgusses.

Mit ihrer natürlichen Stimme.

Ich sah es kommen, sah wie an seinem Leib das Beinerne und Steißige hervortrat, der Steiß ... die Spuren der Dürre, der Zug des Sickerns, die eingefallenen Muskeln. Auskolkung. Und Eintrübung, wie wenn der Schlamm vom Grab, wenn Erde einspült langsam in das helle Auge.

Mit der Stimme des Mädchens.

Ich zog mich immer schön an, wenn ich zu ihm ging. Manchmal rollte ich mich in einen Teppich ein, damit er mich nicht schlagen und verletzen konnte ...

Einmal sprach er davon, daß ihn sein Stern zerfleische. Nacht für Nacht ruhte ich neben diesem Mann, der von unaussprechlichem Grauen ergriffen war. Er, dem die Haare zu Berge standen, und ich, die das gekräuselte Lockenhaar löste und auf das Kissen breitete, träg und geduldig. Mit weißen Brüsten lag ich da, gestrandet am Ufer eines Entsetzten, der von meinem jungen Leib nur die Hand, nur die ihn haltende Hand gebrauchte.

Mit der Stimme der Greisin.

Ich barg sein verstummtes Gesicht in meinen Händen, ein beinah kieferloses Gesicht, Nas auf Oberlippe, kurzes burschenhaftes Haar, ein zusammengestürztes Gesicht, Zwetschge der Untröstlichkeit. Diese Schrumpelköpfe mit den faustgroßen Visagen gehören Greiskindmenschen. Das war mein Herr Jelke ... Es gibt etwas, das mir sehr mißfallen hat an ihm. Aber darüber weiter kein Wort.

Der Pulsar

Im Jahr 1967 entdeckte Jocelyn Bell ein kurzperiodisches und extrem gleichförmiges Radiosignal, das man zuerst für ein Lebenszeichen von Außerirdischen hielt. Bald aber stellte sich diese Hypothese als irrtümlich heraus, und man nannte diese Quelle »Pulsar« für Pulsating Stars, pulsierende Sterne. So ein Pulsar sendet zwei Lichtbündel aus, eines am magnetischen Nord- und eines am Südpol. Diese Lichtbündel drehen sich mit dem Stern. Liegt die Erde in einem dieser Lichtkegel, können wir den Lichtblitz empfangen. So gesehen, ähnelt der Pulsar einem Leuchtturm.

Herrn Jelkes Bett unter einem kleinen geöffneten Fenster in der halben Höhe der Rückwand, wehender Vorhang.

RICARDA *erscheint im kleinen Fenster* Guten Tag, Herr Jelke.
Ich bin Ricarda, dein Geschöpf.
Hörst du mich? Wie geht es dir?
Was machst du? Versunken sitzt du auf deinem Bett.
Sag mir, ob meine Stimme noch so tief hinabreicht?

HERR JELKE Ich höre dich, Ricarda. Ich erinnere mich. Wann mag es gewesen sein, als du zu mir kamst und sagtest »Guten Tag, Herr Jelke«? Damals, in den kalten Morgenstunden.

RICARDA *betritt den Raum* Gerade eben habe ich es gesagt. Und vor vielen Jahren bin ich zum ersten Mal durch diese Tür hereingekommen. Hier fing alles an.

HERR JELKE Es wird alles noch einmal wunderbar. Kurz vor dem Abschied. Kurz vor dem Ende. Die Menschen sehen einander so ähnlich. Ich weiß, daß du es bist, daß es keine andere ist. Aber die unendliche Mühe, die es mich kostet, die Herde der Merkmale abzuzählen, daß du es seist, daß du dich unterscheidest von der großen Einöde, die ich bin ... Meine Schülerin! Meine Ausgeburt. Wir wollen uns lieben, Ricarda. Draußen geht ein starker Wind.

RICARDA Als ich dich zum ersten Mal besuchte, dachte ich: Dieser Mann wird dein Freund sein. Ein Alter, der nicht alt ist, auf dessen Gesicht immer ein Schimmer von Kindheit liegt, einer Kindheit, die nie ruhte, die er besessen wieder und wieder erlebt. Ich bin gekommen, um dir zu sagen –

HERR JELKE Ricarda! Ich habe einen großen Augenblick in meinem Leben erreicht: ich habe aufgehört zu denken. Ich habe alle Gedanken nach Hause geschickt. Zurück zu ihrer Quelle. Zu Buddha, zu Platon, zu Kopernikus, Kepler und Leibniz. Das Problem ist gelöst? O ja, es schwimmt, es zerfällt in einer grauen Kochsalzlösung ... Erhebliches Kopfzerbrechen bereitet mir ... ha! Erhebliches Kopfzerbrechen! Vorbei das! Welch ein Glück! Keine Details mehr, keine Beweise, keine Hypothesen! ... Ich war schon so zerstreut, daß ich neben der Toilette in die Garderobe trat und in meine Schuhe pinkelte.

RICARDA Und jetzt? Was machst du?

HERR JELKE Kleine Besorgungen. Welche Freude, einen Kamm zu reinigen, eine Blume zu gießen, sich zehnmal am Tag die Hände zu waschen, einen Türklinkenstift zu erneuern. Ah, die kleinen Besorgungen! Wie freut man sich, lauter kleine Defekte beheben zu können! Morgens aufzustehen, nur um eine Batterie im Wecker zu wechseln, welche Erlösung!

RICARDA Du hast mitsamt den Büchern wochenlang deine schmutzige Wäsche unters Bett geschoben ...

Sie zieht unter dem Bett den nackten Arm, dann die ganze Person eines jungen Straßenmädchens hervor.

HERR JELKE Die Ordnung, die Unordnung ... was sind sie? Niemand, der sich der einen, aber nicht der anderen zuwendet, wird eine von beiden verstehen ...

RICARDA Zieht euch an. Das sind gleich zwei. Zwei von der Straße. Ist dir jetzt alles egal?

HERR JELKE Diese Träumerinnen unter dem Bett! Auch sie gilt es um Auskunft zu fragen, um Auskunft.

RICARDA Verschwindet, ihr Schicksen! Vorwärts! Raus! Na, wird's bald?! Haut ab!

HERR JELKE Das Glied spüren. Die Rute. Geht nicht mehr von selbst. Man muß drum kämpfen. Es zeigt starke Tendenz zu verschwinden. Atrophisches Anhängsel zu werden. Warum? Es darf mich doch nicht verlassen! Ich habe mich ihm immer unterworfen – mein Lebtag bin ich seinen Befehlen gefolgt. Warum gehorcht es jetzt nicht mir? Es war meine Antenne für Mensch und Gott. Wenn es ausfällt, wenn es reglos bleibt, was werde ich dann noch vernehmen? ... Wer die Strafe kennt, den »Atropheus«, Satan dritten Grades, der weiß, wovon ich spreche.

RICARDA Ich bin gekommen, um dir zu sagen: Ich werde dich nicht mehr besuchen, Herr Jelke. Ich fange beruflich noch einmal von vorne an. Du mußt meine Nummer aus deinem Notizbuch streichen. Ich höre ganz auf mit den Besuchen. Herr Jelke.

HERR JELKE So ist es nun. Zwei Mädchen wie alle anderen. Nur das Abrutschen eines Trägers von einer braunen Schulter wollte ich sehen. Und dann diese alte Sehnsucht nach der helleren, der weißen Haut der Brüste. Aber sie kamen vom Meer, zwei Mädchen mit Hund, und sie hatten nackt in der Sonne gelegen. Wie alle anderen.

RICARDA Leb wohl, Herr Jelke. Dies ist ein trauriger Abschied.

HERR JELKE Vergiß nicht, meine kleine Ricarda: der ganze Kosmos, die Schöpfung selbst, wir alle stecken in der Haut einer einzigen Träne Gottes.
Ist es schon zu spät für einen Tee? Ist es Tag, ist es Nacht? Ist es vorbei? Und wenn es ihn gibt? Ewig murmelt, Unendliches zählend, Luzifer. Die Tränen, die Seele, die Sandkörner, die Spermien, die Lettern.

Trauergemeinde

Kreuzgang in einem Konvent. Leise Orgelmusik. Im Durchgang zur Kapelle ein kleiner Pulk Trauergäste, die der überfüllte Andachtsraum nicht faßt.
Ricarda, schwarzes Kostüm, kleine Toque mit halbem Schleier auf dem Kopf, dreht sich in diesem Pulk auf dem Absatz herum und blickt dem hinter ihr stehenden Mann (C) ins Gesicht. Er wendet sich zur Seite. Sie geht an ihm vorbei, stellt sich außerhalb des Pulks an die Klostermauer. Sie kramt in ihrer kleinen Handtasche, ohne ihr etwas zu entnehmen. Der Mann (E), der ihr zunächst steht, löst die vorm Geschlecht gefalteten Hände, die Rechte greift Ricarda um den Hals, er versucht sie an sich bzw. in den Pulk zurückzuziehen, ohne dabei seine Haltung zu ändern, so wie man einen störrisch-gekränkten Menschen zur Versöhnung an sich zieht. Sie aber versteift ihren Nacken, sie widersteht, ohne ihre Haltung zu ändern, und läßt sich nicht von der Stelle bewegen. Er macht einen Schritt auf sie zu, löst den Griff und flüstert …

(E) Komm zurück. Ich werde es dir noch einmal erklären.
RICARDA Du willst dich wiederholen?
(E) Was sonst? Wir fangen nach der Beerdigung wieder dort an, wo wir vor der Beerdigung aufgehört haben. Komm zurück.
Sie lehnt ab mit einem unwilligen, schnellen Kopfschütteln und geht ein paar Schritte an der Klostermauer entlang.
Ein Mann verläßt die Kapelle und zwängt sich durch den Pulk vor dem Eingang. Endlich draußen und frei stehend, glättet er mit flachen Händen das Gesicht, streift sich mit zehn gespreizten Fingern durch die Haare, löst seinen Gürtel unter dem Jackett ein wenig, er glaubt sich unbeobachtet. Dann erst bemerkt er die etwas abseits stehende Ricarda, die wieder in ihrer Handtasche kramt, ohne etwas zu finden, vielleicht

ohne zu suchen. Er geht zu ihr und lehnt sich neben ihr an die Mauer.

LUKAS Ich bin nur gekommen, um ein wenig Luft zu schnappen. Es ist nicht auszuhalten da drin, so viele Menschen in dem engen Raum. Ich bin ein Schulfreund des Verstorbenen. Ich bin noch einer von der ersten Runde. Lukas, das Brezelchen. So genannt, weil mir die Pickel im Gesicht standen wie Salzkörner auf einer Brezel. Gott, so alt sind wir ja alle noch nicht. Das hat mich ziemlich mitgenommen, da drin. Man wirft doch einen Blick ins Unabänderliche an einem solchen Morgen. Standen Sie in engerer Beziehung zu dem Verstorbenen?

RICARDA Ja.

LUKAS Entschuldigen Sie. Ich wollte Ihre Gefühle nicht verletzen.

Er steckt sich eine Zigarette in den Mund.

RICARDA Rauchen Sie hier nicht.

LUKAS Ich bin extra zum Rauchen herausgekommen. Ich muß jetzt rauchen.

RICARDA Sie sagten, Sie seien zum Luftschnappen herausgekommen.

Wenn Sie jetzt rauchen, schreie ich Sie an. Ich brülle ohne Rücksicht auf die Trauerfeier.

LUKAS Kommen Sie. Gehen wir zwei Schritte weiter.

RICARDA Hier wird nicht geraucht. Im ganzen Klostergebäude wird nicht geraucht. Schon gar nicht in meiner Gegenwart.

LUKAS Ich will versuchen, um Verständnis für mich zu werben. Ich sagte Ihnen, es hat mich ziemlich mitgenommen, der Tod meines Schulfreunds läßt mich nervlich angegriffen zurück. Ich selber habe Frau und Kinder, der Junge zwölf, das Mädchen sieben. Ich bin im Handel tätig und reise viel nach Übersee.

Ich hätte heute ebensogut Gegenstand einer Bestattung sein können. Warum nicht? Ich bin sein bester Kamerad gewesen, ich sagte es Ihnen, es kommt auch gar nicht darauf an, Herr Jelke und ich haben zusammen die Schulbank gedrückt, das genügt wohl. Ich denke doch, Sie sehen es mir an, daß ich Ihnen nichts vormache. Dies zum einen. Zum anderen bin ich Raucher. Ich rauche übrigens, seitdem ich mit dem Verstorbenen heimlich Zigaretten tauschte auf dem Schülerklo.

RICARDA Ich darf daran erinnern, daß der Verstorbene, solange ich ihn kannte, kein Raucher war.

LUKAS Das ist seine Sache, wenn er's aufgibt, das war seine Sache. So wie es meine Sache ist, zu rauchen –

RICARDA Ihre Sache ist es, hier nicht zu rauchen.

LUKAS Sehen Sie, ich befinde mich in einer seelisch beschwerten Lage. Ich bin bedrückt, traurig, belastet. Gleichzeitig bin ich Gewohnheitsraucher. Ich greife in solchen Fällen zur Zigarette. Wollen Sie es einem aufrichtig trauernden Menschen verargen, sich diese kleine Erleichterung zu verschaffen? Wollen Sie meiner Trauer, nur weil ich rauche, und ich werde rauchen, daran führt nichts vorbei, mit Ihrer selbstgerechten Empfindlichkeit einen unnötigen Ärger beimischen? Ja, wollen Sie wirklich mit lauten Worten protestieren und seine Angehörigen aus der Andacht reißen und in ihrer Pietät stören: wollen Sie am Ende einen Kubikmillimeter Zigarettenqualm in der Luft für wichtiger nehmen als den Respekt vor dem Toten, vor der Stunde des Gedenkens, der stillen Erinnerung?

RICARDA Sie hätten die Predigt halten sollen. Sie haben den richtigen Bibber in der Stimme.

LUKAS Ich bin nichts als ein Mann in mittleren Jahren, ein Mann, der traurig ist und der auch in der allertraurigsten Stunde seines Lebens ganz zweifellos zu einer Zigarette greifen wird.
Sie stellt sich, den Ellbogen an die Mauer gestützt, so vor ihn, daß sie die Gruppe der Männer in ihrem Rücken abdeckt. Mit der einen Hand faßt sie ihr Hütchen, drückt es auf den Kopf, einzig um der hübschen Haltung willen, denn es weht kein Wind, die andere legt sie an ihre Taille.

RICARDA Betrachten Sie hinter mir die Männer. Fällt Ihnen etwas auf? Das sind meine Leute. Das ist mein Zuhause, mein Staat, mein Leben. Ich nehme an, Sie kennen den Aufbau der glücklichen Beziehungen, die schon im alten Rom der Frau von Stand ein erfülltes Liebesleben garantierten. Da gab es, versteht sich, den Ehemann, einen angesehenen Juristen, Staatsdiener, Verwaltungsbeamten, damals wie heute. Des weiteren gab es einen Mann, der den festen Posten des Liebhabers A versah. Dann der dritte, etwas jünger, doch kein Jüngling mehr, der als erster Anwärter auf den festen Posten des Liebhabers galt. Der vierte ein Eunuch, ein Homosexueller, Berater in allen heiklen Fragen, ein guter Freund für den Ausgang, ein schöngeistiges Hündchen. Der fünfte schließlich war das Spielpferd, wie man sagt. Ein einfacher Bursche für leere Abende, für akute Schwächeanfälle.

Jetzt mustern Sie die Männer in meinem Rücken unauffällig und bestimmen ihre Rolle. Der mit dem Schnauzbart –

LUKAS Ihr Mann.

RICARDA Der mit dem mit gelichteten Stirnhaar –

LUKAS Der Anwärter.

RICARDA Unverkennbar. Der mit dem Goldkettchen –

LUKAS Klar.

RICARDA Und der Jüngste, wie man sieht, das Spielpferd.

LUKAS Einer fehlt.

RICARDA Einer fehlt. Wir tragen ihn zu Grabe.

LUKAS Der Liebhaber? Die Stelle A? Unser Herr Jelke? Der feste Posten?

RICARDA Ja, mein Herr. Acht Jahre lang. Acht glückliche, ausgelassene Jahre. Was, glauben Sie, läßt einen angegriffener zurück, acht Jahre gemeinsame Schulbank oder acht Jahre gemeinsames Bett? Nun also. Jetzt wissen Sie, daß die wahre Leidtragende dem Sarg nicht unbedingt am nächsten steht. Was wird aus mir und meinen Leuten? Alle waren, wie sie sind, erträglich nur durch den einen Mann an fester Stelle. Sein plötzliches Hinscheiden bringt alle Ordnung, alle Kunst in meinem Liebesleben in Gefahr.

LUKAS Offen gestanden, ich hätte nie geglaubt, daß unser Jelke ... Als junger Mensch ging er nur gerade Wege. Er führte selber eine gute Ehe, wie mir schien. Annkattrin, die Frau an seiner Seite ... Ich kannte ihn natürlich nicht mehr so gut wie früher. Als Schüler hatten wir eine Zeitlang dieselbe Freundin. Aber das? Das nein. Nicht mal das Spielpferd, wie Sie es nennen, wäre für uns damals, uns junge Kerle, in Frage gekommen, auch nicht für ein Bündel blauer Scheine.

RICARDA Möchten Sie mich beleidigen? Ihr Staunen und Ihr Stirngerunzel werden merklich gröber ... Die Liebe beginnt mit einer stummen Frage: Sagst du ja oder nein zu mir? Ein Augenaufschlag macht den Anfang. Die Freiheit des anderen beschränkt sich darauf, daß er die Wahl hat, entweder einzuwilligen oder abzulehnen. Ja oder nein? Überlegen Sie einmal, wann Sie in Ihrem Leben einwilligten und wann Sie ablehnten?

LUKAS Ich willigte öfter ein, als daß ich ablehnte.

RICARDA Als nächstes überlegen Sie gewissenhaft, Lukas, ob die vakante Stelle in meinem Aufbau für Sie in Frage käme, ob so etwas Sie interessieren könnte? Und geben Sie mir am Ende der Trauerfeier Bescheid.

Sie geht zu ihren Leuten zurück. Lukas blickt ihr nach. Nach kurzem Bedenken steckt er die Zigarette zurück in die Schachtel.

Der Fernruf

Offene Bühne. Tisch mit Telefon. Ricarda und Lukas. Im Hintergrund drei männliche Randfiguren auf Stühlen.

LUKAS Du mußt nicht so tun, als könnten wir es uns nicht leisten, in der ersten Klasse zu fliegen.
Du mußt etwas in dir lockern. Du mußt Vertrauen zum Geldausgeben gewinnen.
Du mußt mehr Geld ausgeben, Ricke.
Du wechselst deine Wäsche nicht häufig genug.

RICARDA Ich bin von Natur aus sparsam, Lukas.

LUKAS Das stimmt nicht. Als wir uns kennenlernten, konntest du nicht genug Geld ausgeben. Du hast dir mehr geleistet, als wir uns damals leisten konnten. Heute, wo genug Geld vorhanden ist, hältst du es krampfhaft zurück.

RICARDA Ich habe keine Lust, Geld auszugeben. Es ekelt mich.

LUKAS Siehst du. Es ekelt dich.

RICARDA Ja. Es macht mich klein. Es macht mich unbedeutend. Es läßt mich schrumpfen. Es macht mich alt.

LUKAS Das Geldausgeben? Eine gewisse Großzügigkeit, übrigens auch dem Personal gegenüber, macht den Menschen geschmeidiger, macht ihn menschlicher. Man kann dabei Gelassenheit gewinnen. Gleichmut, Offenheit.

RICARDA Du hast zum Beispiel eine schöne große Handschrift, Lukas, und ich habe eine knausrig klitzekleine. Ich kann dir nicht sagen, wie wir uns in fast allem unterscheiden. Ich kann dir nicht sagen, wie tief mir diese Zufriedenheit, dieses Es-sich-leisten-Können zuwider ist. Es ist mir von Grund auf zuwider: dieses Tauschen und Wechseln, dieses Vonsichgeben und Abfließenlassen. Dieses Verschütten letztlich.

LUKAS Die Milch in einer schöngeformten Kanne auf den Tisch stellen, sicherlich, die Milch vorsichtig ausgießen, damit nichts verschüttet wird, aber doch: ausgießen, Ricke, ausgießen!

RICARDA Die Vergleiche, die Vergleiche mit Geld hinken alle. Man kann es aufheben bis später, wenn es einen nicht mehr so ekelt, es auszugeben.

LUKAS Sollen wir solange leben wie die Bedürftigen?

RICARDA Die Bedürftigen sind ein falsches Beispiel.
Sie geben alles restlos aus, was sie bekommen.
Um schnell wieder Bedürftige zu sein.
Das ist eben im Himmel alles ganz anders, Lukas.

LUKAS Willst du bis dahin in Lumpen gehen?!

RICARDA Lumpen trage ich nicht.
Ich trage meine Kleider auf. Ich kaufe nichts Neues mehr.

LUKAS Es ist manchmal, entschuldige, es ist manchmal auch eine Geruchsfrage.

RICARDA Ach? Ich rieche? Na dann. Dann rieche ich eben.

LUKAS Du meinst, du kannst es dir leisten ...

RICARDA Gott, hilf meinem störrischen Mann, daß er mich sieht, wie ich bin! Daß er mir ins Gesicht blickt und mir nicht am Nacken schnüffelt. Und hilf ihm, sein Geld nicht abfließen zu lassen, als könnten wir jemals inmitten der Dinge, für die man bezahlen muß, jemals glücklich werden.
Das Telefon läutet. Lukas nimmt den Hörer ab.

LUKAS Für dich.
Sie wendet sich ab.
Du willst nicht?
Sie schüttelt den Kopf.
Du telefonierst nicht mehr?
Sie schüttelt den Kopf
Du telefonierst jetzt! Verstehst du mich?!
Ricarda! Wenn das der Weg ist, den du gehen willst, dann wirst du ihn alleine gehen.

(FM6) Und als sie sich sträubte, steif und wild sich sträubte zum Telefon zu gehen, wurde sie von zwei Männern gepackt, geschoben, gezerrt, geschleppt hin zum Telefon, und die Männer drückten ihr den Hörer ins Gesicht, als sie den Kopf verdrehte, wie man es tut, wenn man einem unerzogenen Kind den Löffel in den Mund zwingt. Sie zogen ihr den Kiefer auseinander, sie würgten den Hals, sie rissen den Kopf an den Haaren, bis sie endlich einen Schmerzlaut ausstieß.

TELEFON *Jenseitsstimme von Herrn Jelke* Du hebst nicht mehr ab, Ricarda?

RICARDA Herr Jelke ...!

TELEFON Leg nicht auf, Ricarda.

RICARDA Wo ... wo bist du?

TELEFON Ich spreche zu dir, Ricarda. Hörst du, was ich dir sage? Hörst du mir zu? Ich ... ich schlafe nicht mehr. Ich sage dir die Wahrheit. Verstehst du mich? ... Wann sehen wir uns?

Auf der Bettkante

Beim Auskleiden. Ricarda vor dem Toilettenspiegel. Lukas hinter ihr schlingt die Arme um ihren Körper. Sie küssen sich. Lukas löst sich und geht nebenan ins Badezimmer.

LUKAS Bis gleich.
RICARDA Ich warte.

Lichtwechsel. Ricarda erblickt im Toilettenspiegel neun Randfiguren auf den vier Kanten ihres Betts. Sie sprechen alle ein wenig monoton, und die meisten lassen den Kopf hängen.

– seltsam, wie wir weiterreden, als wäre nichts geschehen, halb im Dämmer, halb in Furcht, von Zeit zu Zeit die gleichen Sätze wiederholen, wie Gefangene in einem kindlichen Schloß, wo man die Tropfen fallen hört in der Zisterne

– wo man die Blutflecke, die ein erlegter Hirsch auf den Fliesen verlor, lange ahnungsvoll beschaut

– wo man die Stunden dumpf verbringt und Ausschau hält aus engen Türmen und mit Unbehagen vom Flug der Sperber spricht ...

– Wer?

(CHOR) Alle, die wir hier im Dunkeln sitzen.

– wer hätte gedacht, daß wir eines Tages wieder, wir wenige, zusammen in einem Haus sitzen würden

– wo nur noch wenige Regungen über Wohl und Wehe der Schar entscheiden und wo, nach dem Zusammenrücken, nur noch wenig Spielraum, wenig Bewegungsfreiheit für den einzelnen übrigbleibt

– wenn erst die Toten dazukommen, sich zwischen uns drängen

– schon mit schweren Morsezeichen unterbrechen sie uns, fallen uns ständig ins Wort

– consensus atque communio viventium ac defunctorum

– jeder Lebende amüsiert einen Haufen Toter. Er hat ihr Gelächter zu ertragen

– so geht es mir oft, daß ich in Gedanken an Jesus Christus versinke, sobald irgendwo durcheinandergeredet wird, und dann plötzlich auffahre, verwirrt, unbeteiligt bis ins Mark, antworte ich irgend etwas, das wahrhaftig nicht zur Sache gehört

– sie allein im neuen Stadthaus, bis unter den Giebel angefüllt mit Kunstschätzen, wenn er von unterwegs anruft, mehrmals am Tag, um sich nach ihrer Sicherheit zu erkundigen ... ihre Sicherheit! ... Die Alarmanlage wurde kürzlich auf den neuesten Stand gebracht. Dreimal die Nacht fährt ein Wachdienst vorbei, sie allein, nackt im Sommer, allein mit der Kunst, während ihr Mann sie in Belgien betrügt und fürchtet, daß sie eines Tages Feuer legt, sie selbst, ganz allein, nackt im Haus mit der vielen Kunst

– im Rohbau hat sie's schon versucht. Feuer zu legen. Das erste Mal im Rohbau. Dabei fürchtete sie als junges Mädchen immerzu, mit ihren Kleidern irgendwo Feuer zu fangen ...

– aber was, um Himmels willen, was bedeutet es, wenn Jesus Christus sagt: das Reich Gottes sei so winzig wie ein Senfkorn?!

Die Badezimmertür öffnet sich.

RICARDA Einen Augenblick noch, Liebling!

LUKAS Ricarda!

RICARDA Ich bin nicht ganz allein. Gedulde dich noch einen Augenblick

LUKAS Ricarda ...? Woher kommen diese vielen Leute!?

RICARDA Kein Licht, bitte! Gedulde dich ...

Er tritt etwas später ein im Pyjama und setzt sich auf den letzten freien Platz auf der Bettkante

– auf wie viele einer verteilt und verstreut ist, wer weiß? Das geliebte Merkmal eines Freunds taucht plötzlich im Gesicht eines vorübergehenden Unbekannten auf

– du wirst es mir nicht übelnehmen, aber ich kann mich beim besten Willen nicht entsinnen, wer du in der Liebe warst. Ob da etwas unverwechselbar an dir war, etwas, das mir besonders gefiel ... nur daß wir manchmal kaum hörbar geflüstert haben, zwischen den lauten mißverständlichen Worten immer wieder ein tonlose Flackern der Lippen, als säßen wir seit Jahrtausenden nebeneinander

– warum übernimmst du mich nicht? Lös mich auf und mische mich unter dein Blut. Es fällt mir schwer, von dir gesondert ich zu sagen. Das Sondern aller Blicke, Schritte, Adern fällt mir schwer ...

– nach allem, was so gewesen ist ... andere Epoche damals, mein Liebchen, morgens nackt im rosa Frotteemantel am Frühstückstisch, wir waren eigentlich schon immer ein wenig wohlhabend, trotzdem haben wir damals eine Menge Dreck zu uns genommen, Leberpaste aus Dosen und bulgarischen Rotwein, das schlimmste war der Reichtum, der ganze große Volksreichtum. Man kam dagegen nicht an, er kam einfach über uns. Er war allesfressend, wirklich und wahrhaftig: Mammon!

– es ist merkwürdig, Bambusstraße vier, was für eine Adresse, für uns alle! Da hockt sie immer noch, allein, vollkommen vereinsamt, die kleine Bekassine, die mit ihrem meckernden Gerede ganze Freundesketten sprengte, von allen verlassen, und wird nur noch, weil sie reich ist, von Therapeuten und Gymnasten besucht. Und trainiert ihre Durchtriebenheit … für niemanden mehr …

– früher hatten wir alle dieselbe Putzfrau. Heute hat jeder seine eigene. Kein Stäubchen, kein Gerüchtlein wird mehr von Haus zu Haus getragen

– Wer?

(Chor) Alle, die wir hier im Dunkeln sitzen.

– Wer?

– Töchter von kleinen Fabrikanten, die mit den Geschäftsfreunden des Herrn Papa ausgehen mußten, so war das doch, und sich den Arm bis zum Ellbogen mit übelriechenden Küssen bedecken ließen …

Ricarda Aber Lukas, heute noch, alle drei Jahre ruft er mich an und will mich unbedingt wiedersehen, immer kurz vor einer Abreise, einem Urlaub, danach aber ganz bestimmt und unbedingt! Fest versprochen. Und dann hör ich nichts mehr von ihm die nächsten drei Jahre. Ist die Zeit gekommen, dann versucht er's wieder. Vielleicht tut er's nur, um sich zu vergewissern, daß wir alle noch da sind und daß er mit seiner Stimme immer noch bei mir landen kann. Da ich sicherlich nicht die einzige bin, bei der er sich, kurz vorm Vergessenwerden, in Erinnerung ruft.
Herr Jelke Lukas … wer war das noch gleich?
Ricarda Lukas, das war bestenfalls ein Seufzer, der aus dem

Dunkeln einer Nische kam, hinter geschlossenen Vorhängen ein hohes Ach! aus dem Bett. Kein Drama, kleine Flecke, Wische Licht, Zebralicht, das durch die Jalousien fiel ...

(3) Der Mann im Haus war bestenfalls eine Randfigur aus einem alten Stück von Ibsen ... eine Maske aus der Menge auf einem Gemälde von Ensor, die manchmal schlaflos durch die Zimmer irrte, ins Büro ging und Dutzende von Kuverts frankierte und Dutzende Bewerbungen verschickte.

LUKAS Sie hat uns schon vor Jahren alle miteinander zur Hölle gewünscht. Ich kann mich erinnern, daß ich sie häufig stockbetrunken nach Hause fuhr. Ich höre sie noch im Vereinssaal toben und zetern.

RICARDA Man spricht über einen Dritten, und schon fällt einem der Dritte ins Wort.

LUKAS Ich will wissen, was da drin steht, sagte sie und zerbrach eine Straßenvitrine, in der ein aufgeschlagenes Buch lag. Ich will wissen, was da drin geschieht, sagte sie und brach eine verriegelte Tür ein, hinter der gesungen wurde. Ich will wissen, was dahintersteckt, sagte sie und fragte einen harmlosen Satz, den jemand fallen ließ, zugrunde. Das war nicht Wißbegier, das war Schub, Trieb, Monstrosität. Diese Frau war eine Ramme. Sie riß die Schleier, brach die Siegel, stürzte die Wände, lüftete die Gräber.

HERR JELKE Irgend etwas war an dieser Person, irgend etwas an ihrer Gestalt vermochte, daß ich von Zeit zu Zeit das Gedächtnis für sie verlor. Während ich neben ihr schritt, während sie mich umgab und wir zusammenwaren, erkannte ich sie plötzlich nicht mehr. Mit einem einzigen Kuß war sie wieder die Unbekannte.

– Wer?

(CHOR) Alle, die wir hier im Dunkeln sitzen

– so daß sie am Ende mutterwindallein auf die Schwelle ihres finsteren Hauses trat, in die offene Tür, und ihr knöchellanges schwarzes Kleid raffte, es anhob an den Schenkeln, es rauschen ließ mit seinen Säumen, es hin und her wedelte wie eine Revuetänzerin, um den Staub von der Schwelle zu wehen, sie, bloß noch ein Schatten in der Tür

– eingepfercht im Haus allein, bis unter die Decke gefüllt mit stinkenden Abfällen, Stapeln toter Zeitungen, Verpackungen, Hülsen, Dosen, gesammelt, gepreßt, getürmt, mit schmalen eckigen Pfaden durchzogen, um ans Fenster zu gelangen, das zerschlagene, von Sperrmüll durchstoßen und mit einer trüben Folie abgedeckt, Draußenwelt nur ungefähr und wie durch grauen Star gesehen, wenngleich sie nach dem Lichtstand stündlich noch die Ecke wechselte, bis die Nacht zwischen die Berge des Unrats sank … Wälle von Verwendetem – gegen wen? Ja, gegen den Kreislauf selbst, gegen den Stoff-Wechsel an sich. Fäulnisgestank gegen die unriechbaren Gifte der Luft, die Ausdünstungen der Menschen

Räumchens Stuhl

Geschlossener Raum mit einem großen Lehnstuhl, über dem eine altmodische Handtasche aus Krokodilleder hängt. Offener schmaler Durchgang zu einem Nebenraum.

RICARDA *im Nebenraum* Warten Sie! ... Ich hole einen Stuhl ... Sie sollen sich setzen. Sie sollen es bequem haben bei mir.
Sie betritt die Bühne und versucht den Lehnstuhl durch den offenen Durchgang zu schieben.
Nun zurück! Zurück durch die enge Pforte. Machen Sie sich's bequem – noch nicht bequem. Ich komme gleich, ich schaffe es. Laufen Sie mir ja nicht weg! Der Stuhl ist unterwegs. Ein alter Stuhl, ein Prachtstück aus der Belle Époque. Man kann ihn nur nicht falten. Hochkant! Los! Bin noch nicht endgültig eingerichtet ... Wie kommt der Stuhl, der durch diese Tür nicht paßt, in diesen Raum? Es sei denn, er stand schon vor den Mauern hier. Sie könnten sich bereits setzen, wenn Sie bereit wären, sich ein wenig auf der Schwelle, ein wenig hälftig, schräg, wie angedeutet, niederzulassen ... Den Stuhl heben, kippen, wenden, neigen, ecken, winkeln, abwinkeln! Nichts. Nicht von oben, nicht von unten, nicht quer, nicht längs, nicht mittig, nicht seitlich, nicht füßig, nicht köpfig, nicht – der Raum gibt seinen Stuhl nicht frei. Ja, sein Stuhl, Räumchens Stuhl ist das. Er ist anscheinend hier zum Stuhl geworden, gezimmert, gepolstert und verschraubt, im ganzen hergestellt. Geboren in diesen Mauern. Stühlchens Raum. Ich versuche nichts weiter, als diesen klobigen Drecksstuhl mit Hilfe einer albernen Verniedlichungsfloskel durch diese verdammt enge Tür zu schieben. Zu drängeln, zwängen, bugsieren, listen und schlemihlisieren!

Im Nebenraum tritt Herr Jelke in einen Lichtkegel.

Ein Lichtspiel

Fortsetzung der Eingangsszene des Stücks.

(FM6) Wir fangen an, so über diesen Film zu sprechen, wie wir auch über jeden anderen der Filme sprechen, die wir gemeinsam Woche für Woche sehen. Ich dachte, daß sei nach diesem Film nicht mehr möglich. Es ist unerträglich, nach diesem Film so über ihn zu sprechen wie über jeden anderen.

(3) Das ist keine Position.

(FM6) Nein. Das ist keine Position, du hast recht.
Er tritt an die Rampe, spricht zerstreut mehr für sich als für das Publikum.
Ich weiß, daß es mich nicht gibt.

(3) *nimmt ihn bei den Schultern und dreht ihn zur Szene zurück*
Sie brauchen nicht gleich davonzulaufen, wenn ich Sie gedemütigt habe. Wir haben das Glück, es aushalten zu können.

(E) Was hat er denn gesagt? Er sagt doch: Jeder Mensch –

(4) Das sagt Buddi. Im Film. Oder Bolly.

(C) Borrill heißt er, der alte Schneider, der Antonios Hemden näht. Und er sagt nicht »jeder Mensch«, sondern er sagt: »Das Leben ist nur ein kurzer Regenschauer, man sollte in Ruhe abwarten, bis er vorbeigezogen ist.«

(FM6) Wohin führen Sie mich? Führen Sie mich aus meiner Verwirrung heraus!
Sie bleiben stehen; alle bleiben in sich versunken stehen.

(3) Ich soll Sie aus einer Verwirrung herausführen?
I c h soll S i e aus einer Verwirrung herausführen?
Selten etwas Unerfreulicheres, Achtloseres, Niedertrampelnderes gehört. Sind Sie dazu ein Mann geworden, um schließlich zu vergessen, was eine Frau für Sie bedeuten sollte? Nämlich Verwirrung, Verwirrung und nochmals Verwirrung. Verwirrung bis auf den Grund Ihrer krummen Füße.

RICARDA Herr Jelke, wir gehen einander verloren, wir lösen uns auf unter elf ähnlichen Menschen.

HERR JELKE Alles bleibt, wie es war.

RICARDA Nein –

(4) *setzt fort* Es bleibt mir, was war. Ich gehöre dir nicht mehr.

HERR JELKE *korrigierend* »Ich gehöre nicht mehr zu dir.«

ANNKATTRIN (2) Ich dachte noch, soll ich's ihm sagen, schön, daß es uns gegeben hat, aber dann, ich weiß nicht, war mir nicht danach. Ich fand auch, es fehlte zum Schluß etwas zwischen ihm und mir. Es fehlte ein Hauch von Spontaneität. Er hätte zum Schluß noch einen Schritt auf mich zu machen müssen. Dann ja, dann sicherlich.

(D) Steh nicht so da.

RICARDA Ich steh nicht da.

HERR JELKE Ich weiß.

(E) So wie sie dasteht, will ich sie nicht mehr.

(5) Aus dir spricht das einfache Böse: die Unlust.

HERR JELKE Ich wollte noch zu Segatti sagen –

(4) Ich find's wahnsinnig eng hier drin ... ich find's wahnsinnig stickig.

(C) Nathalie stieg herab, überblendet mit dem Bild der kinderfressenden, heftig abbeißenden Zeit. Aufrecht und grausam stand sie am Kopf der Treppe, die große, die maßlose Frau. Ein Turm von Irrtümern. Von Hingabe und Unerfülltheit. Sie geriet außer sich. Ein Fluchen und Verrücktes geiferte aus ihrem Mund.

(4) Die Zeit frißt. Ich fresse nicht mehr. Ich habe alles verschlungen, was früher war ... Beiläufig erwähne ich ... beiläufig weise ich daraufhin ... Lerna war ein Ort der sexuellen Zügellosigkeit. Theben war der Ort des Auges, der Sehtäuschung, der Voyeure.

(E) Ich dachte an die Nächte mit der großen Kollegin, die ich verehrte, lange Zeit, bevor ich sie eroberte, Nathalie, und es war mir zumute wie dem siegreichen Feldherrn, der die Herrin des geschlagenen Gegners in Besitz nimmt ... Als es aber im Institut zur Abstimmung kam, ob man mir einen unbefristeten Lehrauftrag erteilen solle oder nicht, stimmte sie mit der Mehrheit gegen mich. Nur daß sie nicht als erste ihren Arm erhob. Das wäre immerhin ein Penthesileen-Gruß gewesen, eine Geste der Anführerschaft, der unbeugsamen, durch keinen Kuß geschwächten Vernichtungsfreude – doch sie hob ihn nur halb und nicht bevor sich eine deutliche Mehrheit für meine Niederlage abzeichnete …

(D) War sie noch immer die große Herabsteigende? Ich fand kaum mehr als ein kaltes Gefallen an ihr. Sie war sehr schön – mit dem einzigen Makel, daß sie sich selbst für sehr schön hielt. Sie pflegte sich nach einem wächsernen Bild, das sie von sich selber hatte, und es zeigte sich, daß sie überhaupt einen etwas sterilen Begriff von Schönheit besaß.

(FM6) Sieh da! Auch du liest die Zeitung, vertraust darauf, daß die Klospülung funktioniert und wechselst die staubigen Strümpfe …

(D) Wer hätte geglaubt, daß diese wunderbare Erscheinung, am Fuße der Treppe angelangt, sich bald als eine Besessene des Kreuzworträtsels und der Gesundheitswäsche entpuppte?

Annkattrin (2) Erinnere dich, wie sie dahinschmilzt, Nina im Film, bei den Worten, mit denen er sie beschreibt, »dein Haar schwarz wie Rebenholz« …

(3) Darüber läßt sich weiter nichts sagen.

Ricarda Wie schön! Sag es noch genauer! Sag es mir noch viel, viel genauer!

(D) Du kannst mehr sehen. Du siehst nicht genug.
Ein Leben lang läßt sich das Sehen steigern. Wenn auch sonst alle Kräfte abnehmen.

Ricarda Auch wenn alle sagen, es ist nicht so schlimm, es gibt Schlimmeres, zum Beispiel weggehen, so sag ich, es ist ein Alptraum, wenn zwei Menschen untergehen in elfen. Verschwinden. Sich auflösen.

(3) Und wenn einmal sein Auge, sein kaltes liebendes Auge nicht

mehr auf mir ruht, wenn ich auch das noch verliere, daß er mich sieht und sieht, wer ich bin …

(5) Es ist ja gerade die junge Geliebte, es ist Giorgina, die kleine Nutte mit dem Flammenschwert, die die beiden wieder zusammentreibt. Ihr werdet euch fügen, ruft sie, die Zarte, die Strenge. Ihr bleibt das Paar und das Paar bleibt heil! Und ihre Stimme erhebt sich von Befehl zu Befehl, bis die beiden wie Adam und Eva, geduckt, schamgebeugt, Hand in Hand wieder zurückkehren in ihre Stille.

(3) Da haben bloß die Kulissen gewechselt in unserem Rücken: Brände und kalte Mauern, Abfallberge, Huren und Rebellen, neue Geschwindigkeiten, neue Krankheiten, zerfallende Reiche, Gärten und Nächte und eine wahre Sintflut von Bildern, von schönen, allzu schönen Bildern, und daraus entsteigt in aller Stille, in aller Strenge, in aller Liebe: dieser Film …

(E) Was den Film von allen anderen heutigen Filmen unterscheidet, ist die … die …

ANNKATTRIN (2) Worauf alles am Ende hinausläuft, eine Art … eine Art –

(5) Ich dachte immer, Sie wüßten es. Aber Sie wissen es auch nicht.

(FM6) Vielleicht ist es nicht viel mehr, als bloß die –

LUKAS *verwandelt; kahlköpfig; erhebt sich ein wenig von seinem Sofasitz*

Un-durch-sich-tig-keit!

… formulierte der gedrungene glatzköpfige Mann, hob fünf funkelnde Silben mit seiner rechten, kelchförmig geöffneten Hand in die Höhe und drehte die Hand, wie man eine Glühbirne ins Gewinde schraubt. Er hockte auf einem durchgesessenen Sofa und beugte sich zu seinen Knien so weit vor, wie es sein fülliger Leib erlaubte. Er hatte die ganze Zeit geschwiegen. Doch plötzlich war er vom Definitionsdrang ergriffen worden, erfüllt von einem Wort, das ihm das treffendste zu sein schien und nach dem, wie er glaubte, bisher alle anderen vergeblich suchten. Er hatte

zuvor, um die Drehungen des Handgelenks rein und plastisch auszuführen, seine Zigarette auf den flachen Aschenbecher gelegt, den seine linke Hand auf der Sofalehne festhielt, denn er hatte viel und bedeutungsvoll geraucht während seines langen Schweigens. Es hatte ihn einigen Mut gekostet, das Wort hervorzubringen inmitten einer Gesellschaft von Kennern und Enthusiasten. Und nur, weil diese Pause entstanden war, dieses seltsame, durch alle Anwesenden strömende, zehnköpfige Innehalten, etwas wie das Spitzengekräusel auf dem Kamm der Welle, bevor sie überrollt und sich in einem donnernden Definieren entladen hätte ... Genau in diesem Augenblick hatte er es gewagt, mit dem Dreizack seines Begriffs aus den Wassern zu steigen und, so sein Eindruck, den Überschlag der Woge anzuhalten. Jetzt hörten alle, so sein Eindruck, gesammelt auf ihn, lauschten in die Tiefe des Wortes »Undurchsichtigkeit«. Er hätte unter der Stille fortfahren können, doch war er selbst wie betäubt von der Macht des einen isolierten Wortes, das er herausgebracht hatte, so sein Eindruck: eine Darbringung, tönendes Bruchstück einer verhüllten Sprache, dem fast Unsäglichen entrissen. Er hätte notfalls noch hinzugefügt: »Undurchsichtigkeit in allem«. Aber das nur, wenn man ihn unterbrochen oder übertönt hätte. Doch alles schwieg.

Nachdem nun der rundliche schüchterne Glatzkopf sein einziges und vereinzeltes Wort hervor- oder dargebracht hat, dauerte es eine unbestimmbare Zeit, und die Langbeinige (4) erhob sich, schritt zum Telefon – doch niemand sagte etwas, niemand wehrte es ihr. Sie wählte also tatsächlich ihre Nummer und sprach zu Hause mit ihrer Schwester.

(4) Hast du die beiden Nachthemden zu reduziertem Preis gekauft, wie verabredet? Gut. Sehr gut. Irene, hör zu ... Ja. Es ist vorbei. Erledigt. In einer knappen halben Stunde bin ich zum Abendessen zu Hause.

Ihren Rückweg vom Telefon begleiteten die interesselosen Blicke der stummen Männer und Frauen. Müde und lasch begannen sie sich zu regen, erhoben sich, suchten nach ihren Handtaschen, Feuerzeugen und anderen Utensilien, die sie in ihrer angespannten Zerstreutheit irgendwo abgelegt hatten. Sie begannen sich voneinander zu verabschieden, gaben sich Schulterklaps und Wangenkuß und bewegten sich im ganzen so lustlos, als verließen sie ein ödes Fest.

(3) Gehen wir noch wohin?
(2) Ich muß nach Hause.
(E) Sind Sie mit dem Wagen?
(4) Regnet es?
(E) Ja, es gießt.
(5) Soll ich Sie mitnehmen?
(2) Danke. Wir gehen zu Fuß.
(5) Und Sie?
(FM6) Ich muß meinen Neffen vom Squash abholen.
(C) Leben Sie wohl …
(5) *zu E* Dann eben Sie.
RICARDA Gute Nacht, Herr Jelke.
HERR JELKE Gute Nacht.

In seiner Sofaecke saß weiterhin der Kahlköpfige und umklammerte den Aschenbecher. Äußerlich hielt er an der Miene eines Menschen fest, der eine unlösbar erscheinende Aufgabe beiläufig erledigt hat. Gleichwohl verstand er nicht recht, wie beides sich zueinander verhielt, sein Wort und die Auflösung der Versammlung. Es ließ sich nicht leugnen, daß sein Wort einen für alle empfänglichen Signalwert hatte, jedoch …
Als die meisten schon den Raum verlassen hatten, löschte er seine Zigarette, erhob sich mühsam vom durchgesessenen Sofa und trat, sein Jackett schließend, vor den Gastgeber D, der sich an der Tür aufgestellt hatte, um seine Gäste zu verabschieden.

LUKAS Was ist los? *flüsterte er mit einem Anflug von ängstlicher Selbstironie* Habe ich etwas falsch gemacht?

Der Gastgeber D, ein junger, völlig mittelloser Filmhistoriker, blickte ihn nicht an, sondern richtete die Augen traurig zu Boden. Im Grunde wollte er nicht glauben, daß dieser Mann, der kreidebleich und halb amüsiert vor ihm stand, soviel Naivität besitzen oder so dickfellig sein konnte, daß er es selbst nicht gemerkt hatte ...

(D) *führt den Gast zum Ausgang*
Sie haben nicht zugehört, mein Guter ... Sie haben den ganzen Abend den Menschen, die sie umgaben, nicht eine Minute lang zugehört. Ihr ängstlicher Drang, im rechten Moment zu Wort zu kommen, hatte Ihnen von Anfang an die Ohren verstopft. Ihre »Undurchsichtigkeit« haben Sie im Augenblick der höchsten Anspannung, ja auf dem Überrollpunkt des Abends von sich gegeben, in die Stille hineingebohrt, in die Stille vor dem endgültig befreiten, endgültig vereinten und gemeinsamen Sprechen und Sagen, das dann verständlicherweise in sich zurückfiel, verebbte, als Sie Ihr unglückliches Wort ... herausbrachten. So wie beim Liebesspiel ein Hustenanfall oder ein Telefonläuten genügen, um die natürliche Enthemmung zu beeinträchtigen oder ganz zu unterbinden.
LUKAS Aber war es denn ... falsch gewählt?
(D) Über den ganzen Abend hin wurde kein Wort sorgfältiger vermieden, ausschweifender umgangen, ungesagter gelassen, unterdrückter gehalten – und zwar vermieden, um immer feinere, immer genauere Definitionen überhaupt zu ermöglichen –, und über den ganzen Abend trat kein Wort in seiner Unausgesprochenheit so plastisch hervor, ja, wurde für den aufmerksamen Zuhörer so vernehmlich verschwiegen wie ebenjenes, das Sie wie ein kostbares Kristallglas in die Stille hoben, um es gleichsam im selben Augenblick auf den Boden zu schmettern ... Aber gut, es ist nun einmal geschehen. Das

Werk, um das es ging, ist noch viel zu neu, unbewältigbar erscheint es. Wir kommen schon in Kürze wieder zusammen. Wir kommen in Kürze auf den Film zurück.

LUKAS Ich nicht! Ich kann Ihnen, wenn ich auch nichts anderes kann, doch in die Hand versprechen, daß ich mich nie wieder bei Ihnen einfinden werde. Ich war mir heute abend zu sicher, ich war mir auf den Tod sicher, daß ich mich nicht nur auf der Höhe, nein, daß ich mich auf dem Gipfel der verhandelten Angelegenheit befand, daß ich mich aus der geheimsten Mitte jener Gemeinschaft, die das Werk verherrlichte, mitteilte, als ich es aussprach ... als ich a l l e s in e i n Wort legte ... Ärgern Sie sich meinethalben über das Scheitern dieses Abends. Doch versuchen Sie nicht, auch nur annähernd die Last der Enttäuschung nachzuempfinden, die ein Mann davonträgt, der in den nächsten Minuten für immer Ihre Mansarde verlassen wird, in der er für einige Stunden der stillste, dankbarste, empfindsamste, jedoch im entscheidenden Augenblick der gröblichst irrende Gast war ... Verzeihen Sie mir.

Und so redete er dahin und machte viele Worte, denn ihm, der in der Gemeinschaft nur ein einziges, in heiliger Verkennung: das treffende Wort hervorgebracht hatte, löste erst die Selbstanklage die Zunge ...

Beide ab.

Kurz darauf kommt Ricarda zurück und sucht nach einem Schirm. Sie findet einen Knirps in der alten Kommode. Auf einem Sessel entdeckt sie ein liegengelassenes Notizbuch, blättert darin.

RICARDA Dr. Mauthner! ... Sie haben Ihr Notizbuch liegengelassen ... *läuft zum Ausgang* Dr. Mauthner!

Herr Jelke tritt ihr entgegen

HERR JELKE Es gießt. Gibt es hier irgendwo einen Schirm ...?

RICARDA Einen Schirm? Ich fürchte, ich habe den letzten gefunden.

HERR JELKE Hm ... Ich weiß nicht, was Sie vorhaben ...?

RICARDA Ich? Oh, nichts Besonderes.
HERR JELKE Vielleicht passen wir beide drunter.
RICARDA Er ist sehr klein, sehr klein.
Es ist im Grunde nur ein Knirps.
HERR JELKE Öffnen Sie ihn.
RICARDA *versucht es; schlägt den Knirpskopf gegen die Hand, gegen ihr Knie, auf den Boden* Das Scheißding geht nicht auf!
HERR JELKE Geben Sie her. Sie sind zu nervös.
Er öffnet ihn behutsam.
Also. Versuchen wir's.
Er reicht ihr den Arm. Sie gehen in den Bühnenhintergrund. Die Kulisse öffnet sich.

Dunkel

Botho Strauß im dtv

»... ein Erzähler, der für Empfindungen der Liebe Bilder von einer Eindringlichkeit findet, wie sie in der zeitgenössischen Literatur ungewöhnlich sind.«
Rolf Michaelis

Die Widmung
dtv 10248

Paare, Passanten
dtv 10250

Kalldewey
Farce · dtv 10346

Der Park
Schauspiel · dtv 10396

Trilogie des Wiedersehens
Groß und klein
dtv 10469

Rumor
Roman · dtv 10488

Die Hypochonder
Bekannte Gesichter, gemischte Gefühle
dtv 10549

Der junge Mann
Roman · dtv 10774

Die Fremdenführerin
dtv 10943

Niemand anderes
dtv 11236

Besucher
Komödie · dtv 11307

Kongreß
Die Kette der Demütigungen
dtv 11634

Die Zeit und das Zimmer
Sieben Türen/Bagatellen
Theaterstücke
dtv 12119

Wohnen Dämmern Lügen
dtv 12274

Schlußchor
dtv 12279

Beginnlosigkeit
Reflexionen über Fleck und Linie
dtv 12358

Angelas Kleider
Nachtstück in zwei Teilen
dtv 12437

Ithaka
dtv 12595

Die Fehler des Kopisten
dtv 12656

Diese Erinnerung an einen, der nur einen Tag zu Gast war
Gedicht · dtv 19007

Christa Wolf im dtv

»Grelle Töne sind Christa Wolfs Sache nie gewesen; nicht als Autorin, nicht als Zeitgenossin hat sie je zur Lautstärke geneigt, und doch hat sie nie Zweifel an ihrer Haltung gelassen.«
Heinrich Böll

Der geteilte Himmel
Erzählung
dtv 915

Unter den Linden
Erzählung
dtv 8386

Nachdenken über Christa T.
dtv 11834

Kassandra
Erzählung · dtv 11870

Voraussetzungen einer Erzählung: Kassandra
Frankfurter Poetik-Vorlesungen
dtv 11871

Kindheitsmuster
Roman · dtv 11927

Kein Ort. Nirgends
dtv 11928
Fiktive Begegnung zwischen Karoline von Günderrode und Heinrich von Kleist.

Was bleibt
Erzählung · dtv 11929

Störfall
Nachrichten eines Tages
dtv 11930

Im Dialog
dtv 11932

Sommerstück
dtv 12003

Auf dem Weg nach Tabou
Texte 1990–1994
dtv 12181

Medea. Stimmen
Roman
dtv 12444 und
dtv großdruck 25157

Gesammelte Erzählungen
dtv 12761

Die Dimension des Autors
Essays und Aufsätze, Reden und Gespräche 1959–1985
SL 61891

Christa Wolf,
Gerhard Wolf
Till Eulenspiegel
dtv 11931

Thomas Bernhard im dtv

»Wer in eine Übereinstimmung gerät mit dem radikalen Ernst, mit der glitzernd hellen Finsternis der Bernhardschen Innenweltaussagen, ist angesteckt, fühlt sich sicher vor Heuchelei und gefälligen Künstlerposen, leeren Gesten, bloßer Attitüde.«
Gabriele Wohmann im ›Spiegel‹

Die Ursache
Eine Andeutung
dtv 1299
Thomas Bernhards Internatsjahre zwischen 1943 und 1946. »Wenn etwas aus diesem Werk zu lernen wäre, dann ist es eine absolute Wahrhaftigkeit.« (Frankfurter Allgemeine Zeitung)

Der Keller
Eine Entziehung
dtv 1426
Die unmittelbare autobiographische Weiterführung seiner Jugenderinnerungen aus ›Die Ursache‹. Der Bericht setzt ein, als der sechzehnjährige Gymnasiast beschließt, sich seinem bisherigen verhassten Leben zu entziehen ...

Der Atem
Eine Entscheidung
dtv 1610
»In der Sterbekammer bringt sich der junge Thomas Bernhard selber zur Welt ... Aus dem Totenbett befreit er sich, in einem energischen Willensakt, ins zweite Leben.« (Die Zeit)

Die Kälte
Eine Isolation
dtv 10307
Mit der Einweisung in die Lungenheilstätte Grafenhof endet der dritte Teil von Thomas Bernhards Jugenderinnerungen, und ein neues Kapitel in der Lebens- und Leidensgeschichte des Achtzehnjährigen beginnt.

Ein Kind
dtv 10385
Die Schande einer unehelichen Geburt, die Alltagssorgen der Mutter und ihr ständiger Vorwurf: »Du hast mein Leben zerstört« überschatten Thomas Bernhards Kindheitsjahre. »Nur aus Liebe zu meinem Großvater habe ich mich in meiner Kindheit nicht umgebracht«, bekennt Bernhard rückblickend auf jene Zeit.

Volker Hage im dtv

Marcel Reich-Ranicki
Ein biographisches Porträt
dtv 12426

Er ist ohne Zweifel der populärste, streitbarste und umstrittenste Literaturkritiker Deutschlands. Der Mann, der das Warschauer Ghetto überlebte, wurde spätestens durch das »Literarische Quartett« zum Star. Die ›Spiegel‹-Redakteure Volker Hage und Mathias Schreiber entwerfen in dieser Biographie ein umfassendes Porträt des großen Kritikers.

Propheten im eigenen Land
Auf der Suche nach der deutschen Literatur
dtv 12692

»Wird die deutsche Literatur am Ende des Jahrhunderts noch einmal munter?« Volker Hage, selbst beteiligt an den wichtigen kulturpolitischen Debatten der neunziger Jahre, schaut zurück und nach vorn: Von der Wende und den letzten Tagen der Bonner Republik spannt er den Bogen bis in die unmittelbare Nachkriegszeit und fragt nach den Zeichen für das nächste Jahrhundert. – Ein Lesevergnügen von analytisch-anschaulicher Erzählkraft, ein Kompendium der deutschen Gegenwartsliteratur von 1987 bis heute.

Alles erfunden
Porträts deutscher und amerikanischer Autoren
dtv 19032

Volker Hages Begegnungen mit Harold Brodkey, Richard Ford, Max Frisch, John Irving, Ernst Jandl, Wolfgang Koeppen, Joyce Carol Oates, Philip Roth, Botho Strauß, John Updike, Martin Walser und anderen.

»Es ist ihm gelungen, ausnahmslos interessante Autoren zu befragen, darunter auch solche, die für gewöhnlich keine Interviews geben, und er hat eine vertrauensvolle Atmosphäre schaffen können, in der sie gern erzählen möchten: von sich und ihren Büchern.«
Süddeutsche Zeitung